LA DESTITUTION

DES

OFFICIERS MINISTÉRIELS

THÈSE POUR LE DOCTORAT

L'acte public sur les matières ci-après sera soutenu le Lundi 17 Décembre à 2 heures 1/2

PAR

L. SABAIL

Juge Suppléant au Tribunal Civil de Meaux

Président : M. PILLET.

Suffragants : { MM. LAINÉ, GARÇON, } *Professeurs.*

PARIS

LIBRAIRIE NOUVELLE DE DROIT ET DE JURISPRUDENCE

ARTHUR ROUSSEAU

ÉDITEUR

14, rue Soufflot, et rue Toullier, 13

1900

THÈSE

POUR LE

DOCTORAT

LA DESTITUTION

DES

OFFICIERS MINISTÉRIELS

THÈSE POUR LE DOCTORAT

*L'acte public, sur les matières ci-après, sera soutenu
le Lundi 17 Décembre à 2 heures 1/2*

PAR

L. SABAIL

Juge Suppléant au Tribunal Civil de Meaux

Président : M. PILLET.

Suffragants : MM. LAINÉ,
GARÇON, *Professeurs.*

PARIS
LIBRAIRIE NOUVELLE DE DROIT ET DE JURISPRUDENCE
ARTHUR ROUSSEAU
ÉDITEUR
14, rue Soufflot, et rue Toullier, 13

1900

LA DESTITUTION

DES OFFICIERS MINISTÉRIELS

CHAPITRE PREMIER

De la discipline des officiers ministériels. —
Historique de la question. — Juridictions com-
pétentes. — Peines. — Plan de notre étude.

De tous les auxiliaires de la justice, les officiers
ministériels sont ceux qui ont reçu du législateur le plus de prérogatives. Mais, en raison même
des prérogatives qui leur ont été accordées, il a
été nécessaire de soumettre l'exercice de leurs
fonctions à des règles sévères, capables à la fois
d'empêcher les abus et de les réprimer lorsqu'ils
se produisent. Ce qu'il faut avant tout, en effet,
c'est régler l'exercice des fonctions qu'ils remplissent et maintenir l'honneur et la dignité professionnels.

Leurs devoirs sont d'autant plus élevés que la
faveur dont ils jouissent, vraie délégation de la

puissance publique, est plus grande. Il faut, pour eux, suivant l'expression de l'orateur du Gouvernement, M. Réal, dans l'exposé des motifs de la loi du 25 ventôse an XI, « un code pénal plus sévère, un tribunal plus austère que pour le commun des hommes ».

Ainsi s'expliquent les règles de la discipline spéciales aux officiers ministériels.

Ce n'est pas seulement pour eux qu'une discipline s'impose. Elle est nécessaire à tous les corps qui sont appelés à remplir des fonctions particulières et d'un ordre élevé dans la société.

Qu'elles s'appliquent à l'armée, à la magistrature, à l'université ou aux officiers ministériels, les règles disciplinaires ont un but commun : sauvegarder la dignité et la considération nécessaires à chaque corps, empêcher que l'honneur de tous puisse être compromis par les écarts de quelques-uns. Ce besoin de discipline s'est imposé dès l'origine des diverses corporations d'officiers ministériels.

Aussi, procureurs, greffiers, huissiers, etc., étaient-ils soumis, avant la législation qui les régit de nos jours, à des ordonnances, déclarations et règlements nombreux établissant avec autant de précision que de minutie leurs devoirs et leurs droits.

Les infractions à ces règles disciplinaires étaient

punies par les Parlements sur l'initiative du Ministère public ; et au besoin par le Chancelier, chef suprême de la justice « qui était chargé de veiller « à ce qui concerne l'administration de la justice « dans tout le royaume, d'en rendre compte au « roi, de prévenir les abus qui pourraient s'y in- « troduire, de remédier à ceux qui auraient déjà « prévalu ; de donner des ordres convenables sur « les plaintes qui lui sont adressées par les sujets « du roi contre les juges et autres officiers de « justice... (1) »

Certains corps avaient même organisé de véritables Chambres syndicales chargées de veiller à l'observation des règles de discipline.

Tels les procureurs qui avaient une Chambre de postulation dont les membres étaient élus par la corporation. Cette Chambre avait pour mission de faire exécuter les règlements sur la postulation et de rechercher et poursuivre les contrevenants (2).

Cette organisation se rapproche sensiblement de celle qui, d'après l'arrêté du 13 frimaire an IX, régit aujourd'hui les avoués.

Les notaires royaux, réunis en communautés dans les grandes villes, avaient eux-mêmes des syndics qui remplissaient pour eux les fonctions

(1) Guyot, V° *Chancelier*, tome v, p. 277.
(2) Ferrière, tome i, p. 262.

aujourd'hui attribuées à la Chambre de discipline.

En modifiant les bases de l'organisation sociale,
la Révolution a néanmoins conservé les officiers
ministériels et leurs prérogatives, tout en les
soumettant à des règles imposées par la tradition
et par la nécessité d'assurer le bon fonctionne-
ment de la justice.

Comme leur existence même, la nécessité de
ce que nous pourrions appeler un ordre moral
professionnel s'est imposée aux hommes de la
Révolution.

Aussi, à côté de la loi du 25 ventôse an XI sur
l'organisation du notariat, trouvons-nous un
arrêté du Gouvernement du 2 nivôse an XII qui
organise les Chambres de discipline des notaires
et fixe leurs attributions.

D'autre part l'arrêté du 13 frimaire an IX crée
les Chambres des avoués, définit et règle leurs
fonctions au point de vue disciplinaire. A leur
tour les commissaires-priseurs sont établis par
la loi du 27 ventôse an IX ; mais un arrêté du Gouvernement, du 29 germinal an IX, déclare le règlement du 13 frimaire de la même année, relatif
aux avoués, commun à ces officiers ministériels.

Enfin le décret du 11 juin 1813 organise les
Chambres de discipline des huissiers.

Ainsi avec l'institution survit l'action disciplinaire, sauvegarde et garantie de la dignité et de l'honneur professionnels qui en sont la base.

En dehors des catégories d'officiers ministériels dont nous nous occupons dans cette étude, il en existe d'autres étrangers à notre travail ; mais dont il est intéressant d'exposer en quelques mots l'organisation en faisant connaître brièvement les règles qui leur sont spéciales. Ce sont d'abord les avocats au Conseil d'Etat et à la Cour de Cassation.

On trouve dans le Commentaire de Tolozan sur le titre XVII du règlement du 28 juin 1738, maintenu en vigueur dans un grand nombre de ses dispositions par les lois des 27 novembre 1790, article 28, et 27 ventôse an VIII, article 90, de précieux renseignements historiques. Ils portent sur l'origine des anciens avocats aux Conseils, sur la création de leurs offices et les changements survenus dans leur nombre, sur les droits et prérogatives qui y étaient attachés, enfin sur l'ordre des avocats considéré comme corps et sur la discipline à laquelle ses membres étaient soumis.

Les lois annotées de MM. Devilleneuve et Carette nous offrent le résumé de la législation qui les concerne jusqu'à l'ordonnance du 10 septembre 1817 (1).

______

(1) V. Devilleneuve et Carette, 1re série, p. 725, note 2, et 985, note 2.

Leurs fonctions étaient autrefois distinctes et séparées. Les avocats attachés à l'ancien Conseil d'Etat tombèrent avec lui. La loi du 14 avril 1791 les fit disparaître, mais elle les autorisa à exercer les fonctions d'avoués près le Tribunal de Cassation qui fut, on le sait, chargé des attributions de l'ancien Conseil des parties aboli par la loi du 27 novembre 1790, article 30. Supprimés comme avoués par la loi du 3 brumaire an II, ils furent rétablis par celle du 27 ventôse an VIII, article 93 ; puis le décret du 25 juin 1806 leur donna le titre d'avocats.

Précédemment, le décret du 11 du même mois de juin avait par ses articles 33 et 34 créé les avocats au Conseil d'Etat.

Les deux fonctions alors distinctes furent réunies par l'ordonnance du 10 septembre 1817, et, depuis cette dernière époque, elles sont restées indivisibles. C'est ce qui explique que ces officiers ministériels relèvent au point de vue de la discipline d'une même Chambre syndicale, et enfin du Garde des Sceaux. La Chambre prononce définitivement les peines de discipline intérieure qui sont : le rappel à l'ordre, la censure simple, la censure avec réprimande par le président, l'interdiction de l'entrée au Conseil.

Depuis l'ordonnance de 1822, concernant les autres barreaux, qui leur est applicable dans toutes celles de ses dispositions qui peuvent se combiner avec le règlement du 10 septembre 1817, la Chambre syndicale peut prononcer définitivement les peines de réprimande et d'avertissement. Ces dernières peines remplacent le rappel à l'ordre, la censure simple et la censure avec réprimande que prévoyait l'arrêté consulaire du 13 frimaire an IX.

Lorsqu'il s'agit de peines plus graves, telles que suspension, destitution, il y a des règles spéciales. La Chambre ne donne qu'un avis qui, lorsqu'il s'agit de faits relatifs aux fonctions d'avocat au Conseil d'Etat, est transmis au Garde des Sceaux. Si les faits se rapportent aux fonctions d'avocat à la Cour de Cassation, l'avis est soumis à l'appréciation de cette Cour sur les réquisitions de son procureur général.

La Cour de Cassation reste libre dans ce dernier cas d'accorder ou de refuser son homologation.

Elle juge en dernier ressort, et aucun droit de révision n'appartient au Garde des Sceaux en ce qui concerne ses décisions disciplinaires. Ces dernières sont prononcées en forme d'arrêt et expédiées avec la formule exécutoire (1).

Les règlements de la Cour de Cassation ne contiennent aucune disposition relative aux fautes d'audience qui seraient commises par un avocat à cette Cour.

(1) C. de Cass. 18 août 1844.

Il y a controverse sur le point de savoir si les règles applicables aux autres officiers ministériels, en cette matière, le sont également lorsqu'il s'agit d'un avocat à la Cour de Cassation. Le doute n'est pas permis en ce qui concerne l'article 23 de la loi du 17 mai 1819, qui s'applique à tous les tribunaux et de l'article 16 de l'ordonnance du 20 novembre 1822, qui atteint tous les avocats, de même que pour les articles 90 et 1036 du Code de Procédure Civile dont les termes sont généraux. Les articles 102 et 103 du décret du 30 mars 1808 se trouvant abrogés par la loi du 10 mars 1898, il n'y a pas lieu de se demander s'ils peuvent s'appliquer ici. Quant à la disposition de cette dernière loi qui trace les pouvoirs des Cours et des Tribunaux relativement aux fautes commises à l'audience, nous pensons qu'elle n'est pas applicable à la Cour de Cassation dont ne s'occupe nullement le nouveau texte.

La Cour trouverait dans ses pouvoirs suprêmes et dans sa bienveillance habituelle le moyen de réprimer ces fautes, s'il y avait lieu, soit en faisant l'application des autres lois précitées, soit en renvoyant le coupable devant le Conseil de discipline.

Mais les avocats à la Cour de Cassation sont, ainsi que le dit Tarbé (*Lois et Règlements de la Cour de Cassation*, p. 41), « respectueux en pa- « roles, portent honneur au juge, savent con-

« cilier la liberté de l'opinion avec les conve-
« nances de leur position, et prouvent qu'il est
« facile d'être tout à la fois avocat indépendant
« et homme de bonne compagnie. » Aussi les dispositions susvisées sont-elles rarement appliquées.

Ce que nous venons de dire au sujet des fautes
d'audience, s'applique devant le Conseil d'Etat à
tout avocat plaidant près de cette dernière juridiction.

Ce sont les articles 32 et 49 du décret du 22
juillet 1806 qui déterminent les cas dans lesquels
les avocats au Conseil d'Etat peuvent se rendre
passibles de peines disciplinaires.

Les pouvoirs du Garde des Sceaux vis-à-vis des
avocats à la Cour de Cassation et au Conseil d'État
sont, en fait, fort peu rigoureux.

Le Ministre se contente de provoquer des mesures disciplinaires de la part du Conseil de discipline, se réservant le droit, ainsi que nous l'a-
vons vu, lorsqu'il s'agit de faits relatifs aux fonctions d'avocat au Conseil d'Etat, d'homologuer ses
décisions si elles prononcent la suspension ou la
destitution du coupable.

Mais ces peines graves sont presque inconnues.
En général, on leur substitue l'obligation pour le
condamné de présenter un successeur.

Dans tous les cas de destitution ou de suspension, c'est le Gouvernement qui peut seul priver

de leur charge ces officiers ministériels. (Art. 91
de la loi du 28 avril 1816).

C'est aux Chambres syndicales des Agents de
Change que sont dévolues les attributions disci-
plinaires qui concernent ces officiers ministériels.
Mais une distinction doit être faite entre la
Chambre syndicale de Paris et celles des dépar-
tements.

L'article 22 de l'arrêté du 27 prairial an X autorisait les agents de change, de chaque place, à
faire des règlements intérieurs qui devaient être
approuvés par le Gouvernement, mais quoique ces
règlements aient été faits dans la plupart des
villes , aucun d'eux n'a obtenu l'approbation
légale.

C'est du moins ce que décide la Cour de Cassation (1).

La Chambre syndicale de Paris possède au contraire ce pouvoir disciplinaire. Il lui a été reconnu
par l'article 3 de l'ordonnance du 29 mai 1816 qui
l'autorise, suivant la gravité des cas, à censurer, à
suspendre les contrevenants et à provoquer leur
destitution.

Cette ordonnance a été contestée, mais sa léga-

____

(1) D. P. 77, 5, 13 et 86, 1, 124. V. aussi Bozérian, *De la
Bourse,* t. 1, n° 212 et suiv. Buchère, *Traité des Opérations de
Bourse,* n° 98.

lité a été consacrée par un arrêt de la Chambre des Requêtes du 1ᵉʳ décembre 1856. (D. P. 1856, 1, 430).

Il résulte également de cet arrêt que la Chambre syndicale ne commet pas un excès de pouvoir soit lorsqu'elle n'inflige au contrevenant qu'une suspension partielle et limitée, telle que l'interdiction des affaires à terme, soit lorsqu'elle se borne à lui enjoindre de présenter un successeur au lieu de provoquer la destitution de cet agent.

Cette dernière peine peut être prononcée contre un agent de change de deux façons :

1° Par le Gouvernement qui l'a nommé ;
2° Par le Tribunal Correctionnel.

Dans le premier cas, il faut que cette mesure ait été provoquée par un avis de la Chambre syndicale.

Dans le second, il suffit que l'agent de change tombe sous le coup des articles 85, 86 et 87 du Code de Commerce (1).

Si la destitution était alors prononcée par le Gouvernement, ce dernier pourrait, dans certaines circonstances, revenir sur la mesure et permettre à l'agent destitué d'exercer à nouveau ses fonctions.

Au contraire, si la peine a été prononcée par les

-----

(1) Dalll. P. 53, 1, 6.

tribunaux, la réintégration est impossible. Ce caractère d'irrévocabilité est d'ailleurs expressément consacré par l'article 88 du Code de Commerce.

Les courtiers d'assurances maritimes, les courtiers interprètes et conducteurs de navires sont seuls officiers publics depuis la loi du 18 juillet 1866. Les courtiers de marchandises ne le sont plus. Les courtiers libres n'encourent aucune peine disciplinaire et, dans le cas même où ils se forment en compagnie, les peines disciplinaires qui viendraient à être prononcées contre eux, en vertu d'un règlement qui n'aurait aucun caractère officiel, seraient dépourvues de force obligatoire. Seuls, parmi ces derniers, ceux qui sont assermentés sont encore soumis à un pouvoir disciplinaire analogue à celui des courtiers légalement considérés comme officiers publics (1).

Ce sont les Chambres syndicales qui veillent à ce que les membres de chaque compagnie de courtiers officiers publics remplissent exactement leurs fonctions.

Chaque compagnie a son règlement intérieur concernant l'exercice du pouvoir disciplinaire de la Chambre et les peines à appliquer.

Le règlement des courtiers d'assurances près la Bourse de Paris, par exemple, qui sont aussi

____

(1) V. J. Fabre, *Des Courtiers*, n° 477.

considérés comme officiers publics, édicte quatre
peines disciplinaires : la censure, l'amende, la
suspension de trois à quinze jours et la dénon-
ciation à l'autorité qui se fait par un rapport
adressé au Préfet de police, et énumère les diverses infractions pouvant donner lieu à l'application de chacune de ces peines.

La Chambre syndicale prononce sans appel. Il a
été jugé, par application de ce principe, que la décision d'un Tribunal de Commerce statuant disciplinairement comme Chambre syndicale, ce qui
se produit lorsque le nombre des titulaires d'offices est inférieur à six (article 2 du décret du 5
janvier 1867), n'est pas susceptible d'appel même
pour incompétence ou excès de pouvoir. Dans ce
cas, elle ne pourrait être attaquée que par la voie
du recours en cassation (1).

L'article 2 de la loi du 18 juillet 1866 soumet encore à la juridiction disciplinaire de leur Chambre
syndicale chaque compagnie de courtiers assermentés. A défaut, c'est le Tribunal de Commerce
et, s'il n'y en a pas le Tribunal Civil, qui remplit
ces fonctions. Le Tribunal de Commerce dresse
et fait approuver par le Ministre du commerce les
règlements particuliers aux Chambres syndicales.
. Celui de la Chambre syndicale de Paris a été établi le 15 décembre 1886.

(1) D. P. 77, 2, 249.

Les peines disciplinaires applicables aux courtiers assermentés sont : l'avertissement, la radiation temporaire et la radiation définitive.

Le pouvoir de la Chambre syndicale est donc plus étendu que pour les agents de change. Pour ces derniers elle ne peut, nous l'avons vu, que provoquer, par son avis, la destitution.

Ici c'est plus qu'un avis qu'elle donne, c'est une déchéance qu'elle prononce.

Le courtier condamné disciplinairement ne peut pas entrer à la Chambre pendant un certain temps ; pour la peine d'avertissement, pendant l'année qui suit la décision , pour la radiation temporaire, pendant deux ans. Dans ce dernier cas, il ne peut plus être président de la Chambre.

La jurisprudence décide que l'action disciplinaire contre le courtier doit être distincte de l'action en dommages-intérêts qu'il pourrait encourir et que la Chambre syndicale n'aurait pas qualité pour prononcer contre lui une condamnation pécuniaire. (Bordeaux, 10 mai 1876.)

Les décisions des Chambres syndicales sont susceptibles d'appel et peuvent alors être déférées au Tribunal de Commerce par voie de simple requête adressée à cette juridiction.

Il est un cas cependant où l'appel n'est pas possible ; c'est lorsque le Tribunal de Commerce statue disciplinairement dans les termes de l'article 6 de la loi de 1866. Mais, s'il juge à la place d'une Chambre syndicale qui n'existe pas, ce serait priver le coupable des deux degrés de juridiction que de l'empêcher de bénéficier du droit de faire appel suivant le droit commun.

Quant aux autres officiers ministériels (avoués, notaires, huissiers, commissaires-priseurs), dont nous avons à nous occuper surtout, ils sont soumis, actuellement, en France, à deux juridictions différentes :

1° Les Chambres syndicales ;

2° Le Tribunal Civil.

Les peines qui leur sont applicables varient suivant la gravité de l'infraction et le juge qui les prononce.

a) Les Chambres syndicales ont à leur disposition :

1° Le rappel à l'ordre ;

2° La censure simple ;

3° La censure avec réprimande par le président de la Chambre ;

4° L'interdiction de l'entrée de la Chambre dont la durée varie avec chaque corporation (1).

Pour les notaires, il existe, en outre, la priva-

______

(1) Voir notamment les arrêtés des 13 frimaire an IX, art. 8 et 29, germinal an IX, article 1er, le décret du 14 juin 1813, article 73, l'ordonnance du 4,—12 janvier 1843, article 14.

tion de voix délibérative dans l'assemblée générale des notaires de l'arrondissement.

Toutes ces peines s'appliquent également à l'honorariat.

b) Le Tribunal, depuis la loi du 10 mars 1898, a à sa disposition deux catégories de sanctions.

Les premières sont celles qui peuvent, en tout état de cause, être appliquées aux officiers ministériels en faute ; elles comprennent :

1° La suspension ;

2° La destitution ;

3° Les amendes ;

4° Les dommages-intérêts.

Les autres s'appliquent seulement lorsqu'il y a eu infraction aux lois et règlements. Ce sont :

1° Les injonctions d'être plus exacts ou circonspects ;

2° Les défenses de récidive ;

3° Les condamnations de dépens au nom personnel du condamné ;

4° La suspension ;

5° L'impression ou même l'affichage des jugements aux frais de l'officier ministériel qui succombe ;

6° La destitution.

Cette dernière peine qui est commune à tous les officiers ministériels est aussi la plus grave et par sa nature et par ses conséquences.

La destitution n'a pas toujours présenté, au point de vue de son application et des règles qui la concernent, l'homogénéité que la loi du 10 mars 1898 est venue établir.

Notre étude comprendra, en dehors des caractères généraux de cette mesure disciplinaire, les raisons qui ont motivé, à son égard, la récente intervention du législateur et les tempéraments qu'il a introduits dans la législation antérieure.

Il est, en effet, intéressant de rechercher par quelle série de modifications on est parvenu à assurer, aux officiers ministériels poursuivis, des garanties analogues à celles du droit commun et aussi de se demander dans quelle mesure la réforme actuelle a donné satisfaction aux intérêts en jeu.

CHAPITRE II

Caractères généraux de la destitution. — Procédure différente pour appliquer cette peine suivant qu'il s'agit des notaires ou des autres officiers ministériels. — Inconvénients de cette distinction. — Loi du 10 mars 1898.

La destitution équivaut à la perte absolue de la charge. L'officier ministériel qui est frappé de cette peine est même privé du droit de présenter un successeur.

Ainsi que le dit la Cour de Cassation :

« A l'instant même où la destitution est pro-
« noncée, le droit de présentation, et par consé-
« quent le droit de stipuler un prix quelconque
« pour cette présentation, périt pour le titulaire
« destitué » (1).

Néanmoins, il faut que le nouveau titulaire paie une indemnité au destitué et la dépose, avant sa

______

(1) Cass. 10 août 1853. D. 1, 325.

prestation de serment à la Caisse des Dépôts et Consignations (1).

Cette somme est destinée aux créanciers de l'officier ministériel condamné et, s'il existe un excédent, il est laissé, par mesure de faveur, au destitué lui-même ou à ses héritiers.

L'officier ministériel ne peut pas, par une démission hâtive et antérieure à toute poursuite, empêcher que la destitution soit prononcée contre lui.

D'après le principe posé par la Cour de Cassation : « Les peines disciplinaires ayant été établies « pour le maintien de l'ordre général, celui qui « les a encourues ne peut s'en affranchir par une « démission, acte de sa volonté privée. » (2)

La destitution ne frappe pas seulement dans sa fortune, l'officier ministériel qui encourt cette peine, elle lui enlève aussi ses droits de citoyen.

Les déchéances, à cet égard, s'étendent aux droits de vote, d'élection et d'éligibilité et cela pour toutes les assemblées : conseils municipaux, conseils d'arrondissement, conseils généraux, Chambre des Députés et Sénat.

L'officier ministériel destitué, qui serait déjà membre de l'une de ces assemblées, cesserait d'en

---

(1) Décisions, *Chancellerie*. Gillet, 2675, 2561.
(2) Req. 7 avril 1851, D. P. 51, 1, 90.

faire partie dès que la décision qui le frappe serait devenue définitive.

Mais peut-on, sans autorisation préalable de l'assemblée dont il fait partie, poursuivre un officier ministériel qui est soit député, soit sénateur ?

Bien que celui contre lequel s'exercent ces poursuites puisse, par le fait de la destitution, être dépouillé de son mandat politique pendant le cours d'une session, nous pensons qu'il faut décider l'affirmative. En effet, l'article 14 de la loi constitutionnelle, du 16 juillet 1875, n'exige l'autorisation de la Chambre des Députés ou du Sénat que dans le cas où un des membres de ces assemblées est poursuivi ou arrêté pour crime ou délit de droit commun, sauf cependant le cas de flagrant délit.

Si donc il ne se mêle aux faits reprochés au coupable aucun acte criminel ou délictueux, l'autorisation préalable de l'assemblée à laquelle il appartient n'est pas nécessaire.

La destitution diffère de la révocation. — Cette dernière ne peut s'appliquer qu'aux fonctionnaires du Gouvernement et aux officiers ministériels qui comme les greffiers, par exemple, sont tout à la fois fonctionnaires et officiers publics (1). Mais la révocation ne les atteint pas complètement dans la propriété de leur charge.

(1) Dalloz, V° *Greffier*, n° 37 et 38.

Mieux partagés en cela que les officiers ministériels frappés de destitution, ils conservent le
droit de présentation et n'encourent aucune incapacité légale.

L'article 197 du Code Pénal, qui édicte des peines
contre les fonctionnaires révoqués qui continuent
à exercer leurs fonctions, ne saurait s'appliquer
aux officiers ministériels.

Seuls les notaires régis par les dispositions de
l'article 52 de la loi de ventôse an XI font exception à cette règle.

Autre est aussi la peine de la suspension. —
Cette mesure disciplinaire retire temporairement la
gestion de son office au titulaire qui en est frappé.
L'officier ministériel suspendu ne peut par suite ni
exploiter sa charge, ni profiter de ses produits.

Il conserve cependant le droit de céder son office et de présenter un successeur.

La destitution a toujours été une peine commune
à tous les officiers ministériels et a entraîné aussi
vis-à-vis de ceux qui l'encourent les mêmes conséquences. Tout autre est son mode d'application.
— Il n'a pas toujours été entendu de la même
façon. La législation a subi, sur ce point, des
modifications importantes, qu'il est intéressant
de rechercher et d'étudier avec quelques détails.

Jusqu'à la loi du 10 mars 1898 qui est venue

unifier, en cette matière, les règles antérieures, c'est à des autorités différentes qu'il appartenait de prononcer cette peine. L'étude des anciens textes nous permettra de signaler les inconvénients de ce système et aussi d'établir la nécessité de la réforme qui s'est accomplie, de ce chef, en matière disciplinaire.

Avant la nouvelle loi, la procédure de la destitution variait suivant qu'il s'agissait d'un notaire ou d'un autre officier ministériel. Les notaires étaient, en effet, régis par la loi du 25 ventôse an XI, tandis que les autres officiers ministériels tombaient sous le coup des articles 102 et 103 du décret du 30 mars 1808.

L'article 53 de la loi du 25 ventôse de l'an XI sur l'organisation du notariat est ainsi conçu : « Toutes suspensions, destitutions, condamna- « tions d'amende et dommages-intérêts seront « prononcées contre les notaires par le Tribunal « Civil de leur résidence, à la poursuite des parties « intéressées, ou d'office, à la poursuite ou dili- « gence du Commissaire du Gouvernement.

« Ces jugements sont sujets à l'appel et exécu- « toires par provision, excepté quant aux condam- « nations pécuniaires. »

Cette disposition a été complétée par l'ordonnance du 4 janvier 1843 relative à l'organisation des Chambres de notaires et à la discipline du notariat, en abrogeant l'arrêté du 2 nivôse an XII. Cette ordonnance crée dans chaque arrondissement une Chambre de discipline composée d'au moins sept membres à qui elle donne, outre la faculté de prononcer contre les notaires certaines peines, le pouvoir de provoquer leur destitution.

A cet effet, la Chambre doit s'adjoindre, par la voie du sort, d'autres notaires de l'arrondissement en nombre inférieur de deux à celui des membres qui la composent.

Une expédition du procès-verbal de la réunion qui décide la destitution est déposée au Greffe du Tribunal Civil et une copie en est remise au Procureur de la République.

Nous verrons plus tard que, loin de modifier ces dispositions, la loi du 10 mars 1898 s'est au contraire appliquée à les généraliser à tous les officiers ministériels.

Pour les greffiers qui sont destituables quoique n'étant pas des officiers ministériels proprement dits, la destitution était prononcée par le Ministre de la justice, suivant les termes de la Circulaire du Garde des Sceaux en date du 8 juillet 1851. Cette peine intervenait soit sur l'avis des Tribunaux, soit à la suite de condamnations correctionnelles, dans des cas prévus par les lois fiscales et les tarifs légaux. Par exemple, en cas de condamnation pour fraudes aux droits du fisc ou pour perceptions illicites (1).

Les officiers ministériels proprement dits au contraire (avoués, huissiers, commissaires-priseurs), étaient régis, en ce qui concerne la peine de la destitution par les articles 102 et 103 du décret du 30 mars 1808 dont voici les termes.

ARTICLE 102. — « Les officiers ministériels qui
« seront en contravention aux lois et règlements,
« pourront, suivant la gravité des circonstances,
« être punis par des injonctions d'être plus exacts
« ou circonspects, par des défenses de récidive,
« par des condamnations de dépens en leur nom
« personnel, par des suspensions à temps ; l'im-
« pression et même l'affichage des jugements à
« leurs frais pourront aussi être ordonnés et la
« destitution pourra être provoquée, s'il y a lieu. »

ARTICLE 103. — « Dans les Cours et dans les Tri-
« bunaux de Première Instance, chaque Chambre
« connaîtra des fautes de discipline qui auraient
« été commises ou découvertes à son audience.
« Les mesures de discipline à prendre sur les

----

(1) Le 21 ventôse an VII, article 23. Voir note sous Cassation S. et P. 1897, 1,357 et note de M. Hauriou sous Conseil d'Etat. 17 janvier 1896 (S. et P. 1897, 3, 97).

« plaintes des particuliers ou sur les réquisitions
« du Ministère Public, pour cause de faits qui ne
« seseraient point passés ou qui n'auraient pas été
« découverts à l'audience, seront arrêtées en as-
« semblée générale à la Chambre du Conseil, après
« avoir entendu l'individu inculpé. Ces mesures
« ne seront point sujettes à l'appel ni au recours
« en Cassation, sauf le cas où la suspension serait
« l'objet d'une condamnation prononcée en juge-
« ment. Notre Procureur Général rendra compte
« de tous les actes de discipline à notre grand
« juge Ministre de la justice, en lui transmettant
« les arrêtés avec ses observations afin qu'il puisse
« être statué sur les réclamations ou que la des-
« titution soit prononcée, s'il y a lieu. »

Ainsi les Tribunaux pouvaient appliquer toutes
les peines disciplinaires à l'exception de la plus
grave de toutes, la destitution. Ils avaient seulement le droit de la provoquer ; elle était prononcée par le Gouvernement.

Quant aux Chambres de discipline, leur pouvoir
consistait aussi à infliger toutes les peines de ce
genre sauf cependant la destitution et la suspension. Moins puissantes à cet égard que les Tribunaux, elles ne pouvaient même pas en provoquer
l'application.

En un mot, pour les officiers ministériels pro-

prement dits, au Gouvernement seul appartenait
le droit de prononcer leur déchéance absolue :
les Tribunaux ne pouvaient que la provoquer.

Mais, d'après le législateur de 1808, le Gouvernement avait-il le droit de prononcer la destitution
lorsque le Tribunal ne l'avait pas sollicitée, lorsqu'il avait simplement prononcé ou demandé une
peine moindre ou même lorsqu'il n'avait pas été
consulté ?

La pratique consacrée par les décisions du
Conseil d'Etat et de la Cour de Cassation avait admis, en cette matière, le pouvoir absolu du Gouvernement. Néanmoins la question faisait difficultés.

En s'en tenant, en effet, aux termes de l'article
103 du décret de 1808, on pouvait considérer l'intervention du Tribunal comme chose indispensable.

Le législateur de cette époque ne parle, il est
vrai, ni d'appel, ni de recours en cassation, mais il
entend conserver, à l'officier ministériel poursuivi,
des garanties efficaces pour la défense de sa cause.

On en trouve la preuve dans les termes mêmes
de l'article précité : « notre Procureur Général
rendra compte de tous les actes de discipline à
notre grand juge, etc... »

Il paraît impossible de s'expliquer une pareille
disposition, si l'on ne voit pas là le souci absolu
de la loi d'éviter précisément toute intervention
arbitraire de la part du Gouvernement.

On ne comprendrait pas que cet article 103 parle des décisions que le Ministre de la justice est appelé à prendre sur les réclamations relatives aux arrêtés disciplinaires qui lui sont transmis par les Procureurs Généraux, s'il n'y avait eu déjà chose jugée ou décidée par un premier degré de juridiction.

Le Ministre ne peut donc prononcer à lui tout seul une peine et en particulier la destitution, sans avoir été préalablement appelé à discuter la décision d'un juge inférieur.

Sous l'ancien régime, les officiers ministériels ne pouvaient être privés de leur charge que pour forfaiture préalablement jugée : ainsi en décidaient diverses ordonnances et, parmi elles, celles du 21 octobre 1467, de mars 1672, de juillet 1690 et de décembre 1743. Depuis, la loi du 28 avril 1816, en faisant revivre le principe de la vénalité des charges, qui seul avait fait prévaloir cet état de choses, autorise la même solution.

Le doute n'est pas possible pour les notaires puisque, d'après l'article 53 de la loi du 25 ventôse an XI, ils ne peuvent être destitués qu'après jugement. Pourquoi ne pas appliquer la même règle aux autres officiers ministériels ?

Ces arguments avaient prévalu dans la doctrine. Des hommes remarquables s'en étaient faits les champions, surtout vers 1830 lorsque la jurisprudence tendait de plus en plus à attribuer au

Gouvernement un droit absolu en cette matière.

Loin de se laisser convaincre par l'éloquence et la science profonde des Berryer, des Dupin, des Chauveau, des Tripier, etc., la Cour de Cassation, se refusait à exiger toute provocation préalable des Tribunaux.

Pour la jurisprudence, le législateur de 1808 ne voulait pas subordonner la décision du Garde des Sceaux à celle d'un premier degré de juridiction. Voici comment on raisonnait dans ce système : l'article 103, pas plus que celui qui le précède (article 102), ne donne aux Tribunaux le droit de destituer les officiers ministériels ; la preuve en est que, lorsqu'un arrêté disciplinaire est rendu par eux, il ne devient exécutoire qu'après approbation préalable du Ministre de la justice.

Par les mots « s'il y a lieu », l'article 103 veut dire que la destitution peut être prononcée par le Garde des Sceaux lorsqu'il trouve que les faits sont assez graves pour entraîner cette peine contre l'officier public coupable.

Sans doute les derniers termes de l'article 102 attribuent aux Tribunaux le droit de provoquer la destitution mais ils ne disent pas que le Gouvernement ne peut la prononcer que par suite de cette provocation. On ne pourrait soutenir le contraire qu'en donnant une interprétation exagérée aux mots « s'il y a lieu » de l'article 103.

S'il est bon d'apporter l'intervention du Ministre comme correctif à l'extrême rigueur dont les Tribunaux feraient preuve, il ne faut pas oublier que ces derniers pourraient aussi quelquefois se montrer trop indulgents.

Ainsi donc il est nécessaire de reconnaître, en cette matière, au Gouvernement un pouvoir souverain en dehors même de toute décision préalable des Tribunaux.

Alors que le titulaire d'un office considéré comme vénal et héréditaire devait en être dessaisi, on comprend qu'il fallut un jugement. Mais aujourd'hui, on n'admet plus, comme avant 1789, la vénalité des charges ; la jurisprudence n'a conservé aux titulaires d'offices que le droit de présentation, et, par suite, on ne peut plus dire que le droit à l'office constitue une véritable propriété dont ils ne puissent être dépouillés qu'en vertu d'une décision de justice.

Si les notaires ne peuvent être destitués que par jugement, c'est qu'il existe pour eux une disposition de loi spéciale qui détermine exactement les conditions dans lesquelles ils peuvent être dépouillés de leur charge (1).

---

(1) Voir Chauveau, *Consultation* (J. Avocats, t. 45, p. 701 et 719). *Ibid.*, p. 721 ; *Ibid.*, tome 48, p. 205, 212, et aussi D.P. 35, 1, 281, et 47, 3, 66.

Tout en admettant ce pouvoir souverain du Ministre de la justice, on ne s'entendait pas sur le point de savoir s'il agissait en vertu de son droit d'administration générale ou bien comme juge. Etait-ce en un mot œuvre de juridiction gracieuse ou bien contentieuse? La solution de cette question s'imposait pour savoir exactement à qui devait appartenir la connaissance des recours portés contre de pareils actes, soit pour illégalité, soit pour excès de pouvoir. Ceux qui admettaient que l'acte du Ministre était purement administratif, déclaraient qu'il ne fallait pas parler de juridiction d'exception.

Pour eux c'était aux Tribunaux, en qui réside la plénitude de pouvoir judiciaire, de connaître des recours portés contre le Ministre et cela malgré la constitution de l'an III qui défend à l'autorité judiciaire de connaître des actes d'administration. Cette interdiction, disaient-ils, ne s'étend, en effet, qu'aux actes pour lesquels l'autorité administrative a agi dans le cercle de ses attributions.

Ceux-là, en effet, s'ils sont en matière contentieuse, c'est-à-dire l'œuvre d'un juge, ne peuvent être censurés que par la juridiction administrative supérieure à celle qui a prononcé. Si ces actes sont de pure administration, le recours doit avoir lieu devant l'autorité qui a accompli l'acte. C'est le recours gracieux.

Mais, si dans ce dernier cas, le Ministre a excédé ses pouvoirs, si sa décision est hors de sa compétence, elle est contraire à la loi, et alors c'est l'autorité judiciaire qui peut déclarer qu'elle n'a rien d'obligatoire.

Si l'on considérait au contraire le Ministre comme agissant à titre de juridiction contentieuse, c'est au Conseil d'Etat seul, tribunal de droit commun en matière contentieuse, qu'on attribuait la compétence.

La jurisprudence du Conseil d'Etat s'était toujours refusée à admettre le recours contentieux. Cette juridiction ne voulait voir dans l'acte de destitution, émanant du Ministre seul, qu'une mesure purement administrative, qui devait entraîner suivant le cas ainsi que nous l'avons indiqué, soit, si elle était conforme aux lois, un recours gracieux devant l'autorité qui avait prononcé ; soit, si elle était illégale, un recours devant les Tribunaux.

Nous avons vu qu'une des conséquences de la destitution était pour celui qui l'a encourue la perte de ses droits politiques.

L'article 15, paragraphe 8, du décret du 2 février 1852, était ainsi conçu : « Ne doivent pas être inscrits sur les listes électorales..... 8° les notaires, greffiers et officiers ministériels destitués en vertu de jugements ou de décisions judiciaires. »

Ce texte semble devoir faire admettre que la
déchéance des droits politiques ne peut intervenir qu'après que la destitution a été sinon prononcée par un jugement du Tribunal comme pour
les notaires, du moins formellement provoquée
par l'autorité judiciaire, en ce qui concerne les
autres catégories d'officiers ministériels.

Les termes du décret de 1852 indiquaient suffisamment qu'il voulait concéder, à cet égard, les
mêmes garanties à tous les intéressés.

Cette interprétation ne s'appuie pas seulement
sur les textes ; on peut la corroborer par les discussions qui ont accompagné le vote de la loi
électorale du 31 mai 1850, reproduite par le décret précité. En effet, alors que le Gouvernement
revendiquait le droit de prononcer la destitution,
sans même qu'elle eût été provoquée, le Ministre
de la justice déclara que la déchéance politique
ne serait encourue, que si l'avis de la Chambre du
Conseil était pour la destitution.

Même déclaration par le Commissaire du Gouvernement et par le Rapporteur lorsqu'on discuta
la loi du 19 mars 1864 sur la réhabilitation (1).

Loin de suivre cette véritable interprétation de

(1) V. S. *Lois annotées de 1864*, note 1, page 10, 2ᵉ col., et
note 2, et aussi P. *Lois, décrets, etc. de 1864*, note 1, page 18,
et note 1, page 19.

la loi, la jurisprudence se montra plus sévère et n'exigea pas toujours la décision judiciaire comme fondement de l'incapacité politique.

Il suffit, pour en témoigner, de rappeler deux arrêts de la Cour de Cassation, l'un du 30 juin 1890, l'autre du 17 mai 1891, cités par M. Thézard, le rapporteur au Sénat de la loi du 10 mars 1898.

Voici les conclusions de ces deux arrêts.

Le premier dit : « La révocation par l'autorité « supérieure d'un avoué, intervenue à la suite « d'une poursuite disciplinaire et d'un jugement « prononçant la suspension, est le dernier acte de « la poursuite disciplinaire et forme, avec la sen- « tence qui a prononcé la suspension, une véritable « décision judiciaire qui exclut l'avoué des listes « électorales (1). »

Dans le second la Cour de Cassation, tout en réagissant un peu contre l'opinion précédente, n'en admet pas moins que cette exclusion des listes électorales pourra avoir lieu alors même que la décision judiciaire qui est intervenue aurait prononcé une peine moindre que la destitution, si faible que fût cette peine (2).

La législation que nous venons d'exposer et surtout l'interprétation que donnait la jurisprudence

(1) Cass. 30 juin 1890. (1891, 1, 84.) P. 1891, 1, 174.
(2) Cass. 12 mai 1891, S, 1891, 1, 349.

au décret de 1852 montrent assez quelle arme redoutable la destitution constituait entre les mains du Gouvernement.

En effet d'après le décret du 30 mars 1808, article 103, le Garde des Sceaux statuait sur les réclamations ou prononçait la destitution des officiers ministériels quand les décisions disciplinaires prononcées en Chambre du Conseil par les Cours ou par les Tribunaux lui étaient transmises. Le Ministre de la justice avait donc le pouvoir de suspendre ou d'atténuer les effets de la condamnation ou de l'aggraver, en prononçant notamment la destitution, même si une peine moindre avait été infligée par le Tribunal, destitution qui donnait naissance aux incapacités électorales.

Dans la pratique, ainsi que le dit M. Thézard, rapporteur de la loi du 10 mars 1898, au Sénat : « des officiers ministériels furent destitués par or- « donnance royale ou par décret sans que la des- « titution eût été provoquée, les uns après avoir « encouru simplement une peine disciplinaire in- « férieure, les autres sans même avoir été traduits « devant les Tribunaux. »

Sans doute la Cour de Cassation refusait de décider que la destitution prononcée par le Ministre de la justice, *proprio motu* et sans décision préalable d'un Tribunal, pût entraîner la déchéance des droits politiques ; mais il n'était déjà que trop dangereux de permettre au Gouvernement d'augmenter arbitrairement une peine disciplinaire inférieure prononcée par les Tribunaux. Il pouvait, en effet, arriver par ce moyen, à prononcer la destitution non pour des fautes touchant à l'honorabilité professionnelle, à l'accomplissement des devoirs professionnels, mais pour des causes politiques (1). Si l'on ajoute à ces considérations d'ordre politique le peu d'harmonie des textes de lois relatifs à la destitution et leur manque absolu d'homogénéité, on est amené à reconnaître le bien fondé de la réforme entreprise par M. Gauthier de Clagny, dont la proposition de loi présentée à la Chambre des Députés le 7 juillet 1890 a été la première étape (2).

La proposition originaire, telle qu'elle fut présentée à la Chambre par un groupe de députés, MM. Gauthier de Clagny, Marcel Habert, Brincard et Argeliés, n'avait trait qu'aux conséquences politiques de la destitution telles qu'on les entendait sous l'ancienne législation. Dans ce projet on voulait seulement abroger sur ce point le paragraphe 8 du décret du 21 février 1852.

Mais, sur le rapport de M. Orsat et sur les observations du Gouvernement, la Commission chargée

-----

(1) Rapport de M. Thézard au Sénat.
(2) *Journal Officiel*. Doc. parlem., octobre 1890, p. 1527.

d'examiner ce projet le transforma complètement.

Le nouveau texte, loin de supprimer ces termes du décret de 1852, les maintenait au contraire : il décidait seulement que, pour que les officiers ministériels destitués fussent privés de leurs droits électoraux, il fallait que la destitution eût été prononcée par le Tribunal ou par la Cour saisis disciplinairement.

Le projet de M. Gauthier de Clagny, ainsi modifié, ne pût être discuté que devant la législature suivante. La Commission qui fut alors nommée étendit encore davantage la portée de la proposition primitive. Non contente de confier aux Tribunaux, aux lieu et place du Gouvernement, le droit de prononcer la destitution, elle modifia à deux reprises la disposition relative aux déchéances politiques. Mais, ainsi que nous le verrons plus loin, la Commission revenait à ce dernier point de vue, et d'une façon détournée au système de M. Gauthier de Clagny.

Le projet définitivement élaboré fut adopté par la Chambre des Députés le 9 juin 1896, après déclaration d'urgence et transmis au Sénat le 11 juin 1896.

La Commission du Sénat, sur le rapport de M. Léopold Thézard, ne modifia le projet voté par la Chambre que dans son article 3 relatif aux incapacités électorales.

Enfin, le 25 juin 1897, le Sénat, après avoir adopté le texte proposé par sa Commission , le transmit à la Chambre des Députés. C'est cette dernière rédaction que la Chambre a votée sans discussion le 2 mars 1898.

La loi nouvelle a été promulguée le 10 mars 1898 et a paru au *Journal Officiel* le 12 mars suivant.

Il nous paraît essentiel, avant d'entreprendre l'examen critique des dispositions qu'elle contient, d'en faire connaître les termes :

ARTICLE 1ᵉʳ. — « Toutes suspensions, destitutions, condamnations d'amendes et de dommages-intérêts , seront prononcées contre les avoués, huissiers et commissaires-priseurs par le Tribunal Civil de leur résidence, à la poursuite des parties intéressées, ou d'office à la poursuite et diligence du Procureur de la République. Ces jugements sont sujets à appel et exécutoires par provision excepté quant aux condamnations pécuniaires. »

ARTICLE 2. — L'article 102 du décret du 30 mars 1808 est modifié comme suit :

« Les officiers ministériels qui seront en con-
« travention aux lois et règlements pourront, sui-
« vant la gravité des circonstances, être punis par

« des injonctions d'être plus exacts, ou circons-
« pects, par des défenses de récidives, par des
« condamnations de dépens en leur nom person-
« nel, par des suspensions à temps; l'impression
« et même l'affichage des jugements à leurs frais
« pourront aussi être ordonnés et leur destitution
« pourra être prononcée, s'il y a lieu. »

L'article 103 du même décret est abrogé, sauf
en ce qui concerne sa première disposition, qui
est maintenue dans les termes et avec la modifi-
cation ci-après.

« Dans les Cours et Tribunaux de Première Ins-
« tance, chaque Chambre connaîtra des fautes de
« discipline qui auraient été commises à son au-
« dience. »

Article 3. — L'article 15, paragraphe 8, du décret du 2 février 1852 est modifié ainsi qu'il suit :

« Ne doivent pas être inscrits sur les listes électorales :

§ 8. — « Les notaires et officiers ministériels
« destitués, lorsqu'une disposition formelle du
« jugement ou arrêt de destitution les aura décla-
« rés déchus des droits de vote, d'élection et
« d'éligibilité ; les greffiers destitués, lorsque
« cette déchéance aura été expressément provo-

« quée en même temps que la destitution, par un
« jugement ou une décision judiciaire. »

Nous pouvons dès maintenant dégager les caractères prédominants de la réforme que la loi de
1898 a introduite dans notre législation disciplinaire.

Ce qu'elle a voulu surtout c'est :

1° Attribuer à une même juridiction le soin de
prononcer en matière de discipline.

2° Donner aux parties intéressées la faculté de
poursuivre l'officier ministériel en faute.

3° Prendre des mesures en vue d'assurer les
droits de la défense par un débat public.

4° Assurer les voies de recours du droit commun
contre toutes les condamnations disciplinaires
sans exception.

5° Faire de la privation des droits politiques non
une aggravation de peine obligée, mais une mesure
accessoire dont la juridiction qui prononce la peine
de la destitution, doit apprécier l'opportunité.

Ce sont ces différents points que nous nous
proposons de développer. Nous verrons ainsi comment le nouveau législateur est arrivé à améliorer
les dispositions antérieures à la loi de 1898.

CHAPITRE III

L'article 1er de la loi nouvelle attribue la compétence en matière disciplinaire au Tribunal Civil
de la résidence de l'officier ministériel incriminé.
Cette disposition a été inspirée à la Commission
de la Chambre des Députés par l'article 53 de la
loi du 25 ventôse an XI.

Les notaires se trouvaient d'abord seuls justiciables de l'autorité judiciaire. En généralisant
cette règle, on est arrivé à assurer à tous les officiers ministériels et pour leur profession et pour
leur fortune des garanties analogues.

Ainsi leurs fautes peuvent faire l'objet d'un
débat public et d'une instruction régulière tout
comme une infraction de droit commun.

C'est donc au pouvoir judiciaire seul qu'appartient désormais le droit de prononcer en matière disciplinaire sans que la Chancellerie puisse intervenir d'une façon quelconque. Ainsi disparaît à cet égard l'arbitraire du Gouvernement.

Par là-même, la loi nouvelle interdit au Garde des Sceaux tout droit de révision sur les décisions disciplinaires. Les recours ordinaires, c'est-à-dire l'appel, le pourvoi en cassation deviennent possibles comme ils l'étaient déjà pour les notaires sous l'empire de la loi du 25 ventôse an XI. Le soin d'atténuer les peines infligées par les Tribunaux appartiendra non plus à l'autorité privée du Garde des Sceaux mais aux juridictions supérieures du droit commun.

Il ne reste plus au Ministre de la justice, vis-à-vis des officiers ministériels que des attributions purement administratives. Il peut seulement par ses instructions, ses circulaires, surveiller, réglementer l'exercice de leur profession ou les pouvoirs de leurs Chambres syndicales.

Cette solution, qui a le mérite d'unifier la procédure disciplinaire et de soustraire les différentes corporations à l'arbitraire du Gouvernement, avait fait naître des objections au sein de la Commission de la Chambre.

Les Tribunaux, disait-on, se montrent tantôt trop sévères, tantôt trop indulgents dans l'application des peines disciplinaires ; en enlevant au Gouver-

nement le pouvoir de prononcer seul la destitution, on fait disparaître le moyen de maintenir
une certaine unité dans la répression comme de
porter un remède à la sévérité ou à l'indulgence
de certains juges.

Les partisans de ce système oubliaient que les
Tribunaux sont mieux placés que le pouvoir central pour apprécier la gravité des fautes impu-
tables à tel ou tel officier ministériel. Du reste
n'ont-ils pas déjà fonctionné à l'égard des notaires,
accompli leur tâche sans protestations sérieuses ?
Pourquoi donc ne pas attribuer à la même juridiction le soin de connaître de toutes les fautes
disciplinaires et par suite se refuser à étendre sa
compétence aux avoués, aux huissiers, aux commissaires-priseurs ? Le législateur a admis cette
solution, nous l'avons vu.

Certains officiers ministériels ne sont pas comme
les notaires, par exemple, présentés à la nomination du Ministre par le Tribunal de leur résidence. C'est le cas des avoués près les Cours d'Appel. Au premier abord, il semble singulier que
leur suspension ou leur destitution puisse être
prononcée par un Tribunal de Première Instance,
alors que l'admittatur leur a été accordé par une
Cour. En décidant que la destitution des officiers
ministériels doit être prononcée par le Tribunal de
Première Instance de leur résidence, le législateur

semble avoir oublié qu'il est contraire aux principes judiciaires de confier à un Tribunal inférieur le droit d'apprécier les actes d'une juridiction supérieure.

Le rapporteur de la loi, M. Orsat, paraît sans doute fournir un argument décisif à l'opinion de ceux qui voudraient, en vue de respecter ce principe, accorder à la juridiction qui a provoqué la nomination de l'officier ministériel, le droit de prononcer sa destitution. Il dit, en effet, dans son rapport : « C'est le Tribunal qui a présenté l'offi« cier ministériel à la nomination du Ministre « qui déclarera qu'il y a lieu de retirer l'investi« ture à l'officier ministériel, et celui-ci aura pour « la conservation de sa charge les mêmes garan« ties qui sont attribuées à toutes les propriétés. »

Mais nous estimons que, malgré l'opinion du rapporteur, on doit donner à la loi nouvelle une interprétation conforme à son texte, et décider qu'en cette matière, c'est toujours le Tribunal de Première Instance qui est compétent.

Ce qu'a voulu, en effet, avant tout le législateur de 1898, c'est entourer les affaires disciplinaires des garanties du droit commun. Parmi ces dernières il a considéré, comme une des plus importantes, les différents recours auxquels peuvent être soumises les décisions disciplinaires. Puisqu'il voulait que l'appel fut permis à tout officier ministériel condamné, comment aurait-il pu accorder aux Cours d'Appel de décider comme premier degré de juridiction vis-à-vis de leurs avoués ?

Du reste la faute de l'avoué d'appel sur laquelle le Tribunal sera appelé à statuer n'aura pas fait déjà l'objet d'une décision spéciale de la Cour, et par suite, le Tribunal étant le premier à connaître de l'affaire, il ne pourra pas arriver qu'il ait à se prononcer sur l'acte d'une juridiction supérieure.

Le rapporteur de la loi, lui-même, n'a jamais admis la distinction, puisqu'il attribue compétence au Tribunal Civil, pour tous les avoués en général sans faire aucune allusion à la situation des avoués près la Cour d'Appel.

Une question se pose encore en matière de compétence. Quand des poursuites disciplinaires sont intentées pour cause de faits dont plusieurs membres soit d'un même corps, deux notaires, par exemple, soit de corps différents, un avoué et un notaire, se sont rendus coupables ensemble, y a-t-il lieu d'en attribuer la connaissance au même Tribunal ? Il faut à cet égard faire quelques distinctions.

Si les poursuites sont exercées contre deux membres du même corps ressortissant au même Tribunal, nul doute que la jonction puisse être requise et ordonnée. S'ils résident dans deux arrondissements différents, chacun d'eux doit être jugé par le Tribunal de sa résidence.

En effet, chaque Tribunal peut exclusivement connaître des actes des officiers ministériels de son arrondissement, et il ne saurait par conséquent en être dessaisi qu'en vertu d'une disposition légale qui n'existe point.

Si les poursuites sont exercées contre des membres de corps différents dans un même arrondissement, il est incontestable aussi qu'il y a lieu de joindre les causes, puisque le même pouvoir est compétent pour statuer en toute matière disciplinaire, et que les mêmes formes de procéder sont également admises, comme nous le verrons tout à l'heure.

Il peut arriver encore que des poursuites disciplinaires soient exercées conjointement contre un magistrat de Première Instance et contre des officiers ministériels attachés au même Tribunal.

Traduira-t-on chacun d'eux devant la juridiction particulière dont il relève ? Faut-il, au contraire, que l'une des juridictions cède le pas à l'autre ?

Cette question est assez discutée.

En matière criminelle, il y a un texte, l'article 227 du Code d'Instruction Criminelle qui permet de dire dans quels cas il y a lieu de joindre des poursuites, qui fixe les conditions de la connexité qui peut exister entre certaines infractions. A côté de ce texte, il y a aussi la jurisprudence qui admet qu'on doit, autant que possible, laisser aux juges le soin de déterminer dans quelles circonstances on peut joindre ou disjoindre la poursuite de faits dont la connexité est d'ailleurs établie.

Mais rien de pareil n'existe dans notre législation disciplinaire.

On admet cependant qu'ici encore c'est une question de circonstances et qu'il y a lieu de rechercher, dans chaque espèce, la solution la plus favorable.

Ce qu'il importe avant tout, c'est que l'on fasse prévaloir les intérêts de la discipline et de la justice.

Chaque classe de notre ordre judiciaire a une organisation disciplinaire différente avec des garanties spéciales appropriées aux besoins de chacun.

Une manière de procéder, qui est une sauvegarde pour l'une, peut entraîner pour l'autre la privation d'une garantie différente qui lui est préférable.

Pour savoir si l'on doit joindre ou disjoindre les poursuites contre des coupables qui sont justiciables en principe de juridictions différentes, il faut donc considérer la solution la plus profitable aux prévenus et à une bonne justice, s'il n'y a d'ailleurs une disposition légale qui s'y oppose formellement.

On peut, par exemple, trouver que la jonction facilitera l'examen des fautes, empêchera les contrariétés de décisions, donnera à chacun le moyen de se justifier, si d'autres que lui sont coupables.

C'est alors la juridiction qui accorde le plus de garanties à la défense qui devra l'emporter.

Ainsi on devra dire, s'il s'agit d'un magistrat, un juge par exemple, et d'un officier ministériel, que c'est devant le Conseil supérieur de la magistrature chargé de juger le premier, que sera traduit le second. C'est du reste ce qu'a estimé la Cour de Cassation dans un arrêt du 29 juillet 1823.

Cette décision reconnaît en même temps aux Tribunaux la faculté de choisir entre la jonction et la disjonction des poursuites.

Dans d'autres circonstances, c'est en poursuivant séparément chaque coupable qu'on pourra mieux conserver à chacun les garanties que lui confèrent les règlements de sa corporation ; par exemple, la publicité et le droit d'appel.

Il vaut mieux quelquefois considérer la faute par rapport aux devoirs de la fonction ou de la profession. Qui peut mieux le faire que la juridiction spéciale dont ressort le prévenu ?

Quand chacun peut être bien jugé par ses juges naturels, pourquoi serait-il obligatoire de traduire l'un devant le juge de l'autre ?

Mais il est un cas qui, à notre avis, ne peut pas

faire difficulté ; c'est celui où le membre de
l'ordre judiciaire en faute est à la fois juge suppléant et avoué ? Il a, par exemple, manqué de
respect à un magistrat. Il est sûr que c'est le
Conseil supérieur de la magistrature qui serait
compétent et non le Tribunal Civil du domicile
de l'avoué.

Ici, en effet, c'est surtout à la qualité de magistrat du coupable que la faute emprunte son caractère de gravité (1).

On peut supposer maintenant qu'un litige de
cette nature est porté devant des juridictions différentes. Quelle va être la juridiction compétente
pour régler de juges ?

Selon nous, on ne peut guère refuser à la Cour
de Cassation le soin d'accomplir cette mission.
C'est le suprême régulateur des compétences
lorsqu'il s'agit d'une Cour d'Appel et d'un Tribunal. A plus forte raison doit-on lui attribuer le
pouvoir de déterminer à qui du Conseil supérieur
de la magistrature ou du Tribunal appartient la
connaissance de l'infraction disciplinaire commune
à un magistrat et à un officier ministériel.

La loi du 10 mars 1898 établit en principe que
la compétence disciplinaire appartient au Tribunal Civil de la résidence. Mais comme, d'un

(1) Voir dans ce sens D. 58, 1, 178.

autre côté, elle distingue parmi les fautes disciplinaires :

1° Celles qui sont commises à l'audience ;

2° Celles qui sont découvertes à l'audience et celles qui sont commises en dehors.

Il est intéressant de se demander si le Tribunal de la résidence sera chargé dans tous ces cas de connaître du fait punissable.

En supprimant les termes de l'article 103 du décret de 1808, la nouvelle loi a voulu assimiler les deux dernières catégories de fautes.

Elle leur a accordé le bénéfice d'une instruction régulière et complète devant la juridiction à laquelle son texte attribuait la compétence en matière de discipline, c'est-à-dire devant le Tribunal de Première Instance de la résidence.

Cette loi a permis, au contraire, aux Tribunaux, à l'audience desquels une faute serait commise par un officier ministériel, de la réprimer euxmêmes alors même que le coupable ne résiderait pas dans leur ressort.

C'est qu'en effet il y a là un véritable flagrant délit qui trouble la dignité et la police de l'audience et rend nécessaire une répression immédiate.

On peut séparer les fautes commises à l'audience en fautes délictuelles et fautes professionnelles.

Pour les premières, aux rigueurs de la loi pénale vient s'ajouter la sanction disciplinaire.

Les fautes délictuelles peuvent, en effet, être considérées par surcroît comme fautes professionnelles.

Par exemple dans les cas prévus par les articles 89 et 90 du Code de Procédure Civile.

Dans cette hypothèse, le trouble causé à l'audience par un officier ministériel entraînera pour ce dernier, non seulement une condamnation de droit commun, mais en outre la suspension de ses fonctions.

Pour les fautes purement professionnelles, au contraire, l'intérêt général n'est pas en jeu. Il s'agit pour le Tribunal de réprimer des écarts de conduite ou des manques de convenance qui sont venus troubler ses audiences.

Une répression disciplinaire suffira pour rappeler l'officier coupable à ses devoirs.

Les prescriptions générales de la loi du 10 mars 1898 n'ont du reste rien de commun avec les mesures prises ailleurs par le législateur pour garantir les plaideurs contre les manquements de certains officiers ministériels. Les articles 132 et et 1031 du Code de Procédure Civile par exemple, relatifs aux avoués et aux huissiers, continuent à subsister.

Leurs dispositions reposent sur une toute autre

considération que celle qui a inspiré la loi nouvelle. Cette loi n'a en vue que des réglementations disciplinaires et l'intérêt général.

Le Code de Procédure au contraire a voulu permettre à la partie lésée d'obtenir réparation du mandataire forcé qu'il lui impose, chaque fois que ce dernier a excédé les limites de son mandat, fait des procédures, des actes nuls, frustratoires, ou ayant donné lieu à une condamnation d'amende.

Il faut cependant faire une réserve au sujet des articles 132 et 1031 du Code de Procédure précité.

Ces textes autorisent le Tribunal à prononcer, s'il y a lieu, la suspension contre les officiers ministériels coupables, même pour fautes commises en dehors de l'audience.

Nous estimons qu'en présence des termes de la loi de 1898, ces articles se trouvent abrogés en partie. En effet, d'après la nouvelle loi, le Tribunal n'est admis à prononcer d'office une peine disciplinaire, que pour faute commise à l'audience.

Il y aurait donc lieu, à notre avis, pour obtenir la sanction disciplinaire dans tout autre cas que celui déterminé par le législateur, de saisir le Parquet de la résidence de l'officier ministériel coupable. A lui seul appartient, en effet, le droit de requérir d'office la pénalité encourue.

Nous avons à examiner maintenant quelles sont, en dehors des règles de compétence, celles que le législateur de 1898 a établies en ce qui concerne la procédure spéciale aux affaires disciplinaires. Nous pourrons, en les opposant aux dispositions antérieures à la loi qui nous régit actuellement, voir quelles garanties particulières cette dernière vient apporter aux parties en cause.

CHAPITRE IV

Procédure. — Rôle de la partie lésée et du ministère public. — Caractère spécial de cette procédure. — Quid de la prescription ?

Les condamnations, dit l'article 1ᵉʳ, seront prononcées « à la poursuite des parties intéressées,
« ou d'office, à la poursuite ou diligence du Pro-
« cureur de la République ».

Les mots « à la poursuite des parties intéressées
ou, d'office » ne figuraient pas dans le texte voté
par la Chambre.

Ils ont été ajoutés par la Commission sénato-
riale. On lit, à ce sujet, dans le rapport de M. Thézard :

« L'article 1ᵉʳ a entendu reproduire, en le géné-
« ralisant, l'article 53 de la loi du 25 ventôse de
« l'an XI. Mais, par suite d'une omission toute na-
« turelle (celle des mots : à la requête des parties
« intéressées ou d'office), le texte voté par la
« Chambre se trouve formuler une règle absolu-

« ment contraire aux principes, en ce que les
« dommages-intérêts dûs aux parties lésées pour-
« raient être accordés sur la seule poursuite d'of-
« fice du Ministère Public. »

Les termes de l'article 1er n'en présentent pas
moins une ambiguïté regrettable. Ils semblent in-
diquer, en effet, non seulement que le Procureur
de la République peut, en dehors des poursuites
disciplinaires, demander des dommages-intérêts
au profit des parties lésées, mais que ces dernières
peuvent aussi, tout comme le Parquet, mettre directement en jeu l'action disciplinaire.

Est-ce là ce qu'a voulu dire le législateur ?

Nous ne le pensons pas.

Il est, en effet, de principe dans notre législation
que le droit de poursuite n'appartient aux parties
que pour leurs intérêts civils et au Ministère Public que dans l'intérêt général, c'est-à-dire pour
réprimer toute faute, tout fait qui vient troubler
l'ordre public.

La doctrine et la jurisprudence n'ont pas admis
d'autre interprétation de la loi du 25 ventôse an XI.
C'est encore ce qu'il faut décider avec celle du
10 mars 1898, qui n'a fait que reproduire les
termes de la loi de ventôse.

L'intérêt étant le mobile comme la mesure de
l'action, la partie lésée ne pourra que réclamer,
à l'officier ministériel en faute, des dommages-

intérêts proportionnés au préjudice subi, exiger de lui des restitutions ou lui faire signifier des défenses.

Au Procureur de la République, au contraire, il appartient de provoquer des peines disciplinaires. Il peut à cet égard agir suivant le droit commun, soit d'office, soit sur la plainte des parties intéressées. Il faut que le Parquet requière spécialement soit par voie de citation articulant les faits incriminés soit par des conclusions prises à l'audience.

Cette dernière façon de procéder est exceptionnelle, il est vrai. On la rencontrait sous l'empire de l'ancien article 306 du Code Civil, en matière de séparation de corps contre la femme, pour cause d'adultère. Le Ministère Public était alors tenu de requérir à l'audience une peine contre l'épouse coupable.

En droit commun où il ne s'agit d'apprécier que la matérialité d'un fait à la fois dommageable et tombant sous le coup de la loi pénale, la citation directe de la partie qui a eu à en souffrir suffit à mettre en œuvre l'action publique.

Le Tribunal correctionnel, comme celui de simple police, peut être alors saisi concurremment par la partie lésée et de l'action publique et de l'action civile.

Mais, en matière disciplinaire, il n'en est pas ainsi. Le coupable se trouve dans une situation particulière. On ne doit pas oublier, en effet, que les membres d'une même corporation sont tous solidaires les uns des autres ; que, si les mérites des uns profitent à tous, leurs fautes doivent aussi nuire à l'ensemble.

Dans ces conditions, lorsqu'un officier ministériel semble avoir compromis son honneur, sa dignité, on ne peut pas laisser à un particulier intéressé à se plaindre, puisqu'il se prétend lésé, le soin d'agir disciplinairement contre lui.

Le Procureur de la République, qui a la surveillance des officiers ministériels de son ressort, a seul le droit, selon nous, après avoir examiné les faits qui sont reprochés au coupable, de juger de l'opportunité des poursuites disciplinaires.

C'est le cas du Procureur Général, lorsqu'il reçoit des plaintes contre les magistrats.

Ainsi donc, s'il est de principe, en droit commun, que l'action civile portée en exécution de l'article 3 du Code d'Instruction Criminelle devant le Tribunal de répression met en mouvement l'action publique, à ce point que le Tribunal saisi peut même sans réquisition du Ministère Public prononcer les peines attachées par la loi aux faits qui résultent de l'examen de l'affaire et des débats, il ne peut pas être décidé de même en matière disciplinaire.

Sans doute dans ce dernier cas le plaignant participe du droit de mettre l'action publique en mouvement ; mais la voie de la citation directe lui est refusée. Il ne peut que donner l'impulsion à l'action publique, soit en intentant une action en dommages-intérêts devant la juridiction civile, soit en adressant une plainte au Parquet.

Mais ce dernier reste libre de décider s'il y a lieu ou non de requérir en vue d'arriver au jugement de l'infraction professionnelle.

On doit en conclure que, si la partie lésée citait directement l'officier public devant la juridiction disciplinaire, le Ministère Public aurait le droit de s'opposer à ce qu'elle se saisisse de la poursuite. Le Parquet peut donc, contrairement à ce que décide la jurisprudence en droit commun, rendre illusoire le droit de la partie lésée, de réclamer une peine contre l'officier ministériel qui lui a porté préjudice.

C'est à lui seul qu'il appartient de décider si, en dehors de la responsabilité civile, le coupable doit encourir une mesure répressive.

Nous avons vu que l'article 2 de la loi distingue, au point de vue de la compétence, les fautes commises hors de l'audience ou découvertes à l'audience et celles qui ont été commises à l'audience.

L'article 103 du décret de 1808 autorisait les Tribunaux, à l'égard des fautes commises ou découvertes à l'audience, à se saisir d'office sans que le Procureur de la République eût à requérir contre l'officier ministériel en faute.

Mais cette disposition a été abrogée par le législateur de 1898. Les termes de l'article 2 combinés avec ceux de l'article Ier de la loi nouvelle marquent suffisamment que cette action propre des Tribunaux a fait place à d'autres principes.

Pour toutes les fautes, en effet, qu'elles soient commises hors de l'audience, découvertes ou commises à l'audience, c'est au Ministère Public qu'il appartient de mettre en mouvement l'action disciplinaire.

La jurisprudence n'entendait pas autrement l'article 53 de la loi de ventôse an XI. Et tout comme l'article Ier de la loi de 1898, cet article, en précisant à qui est dévolu le droit de poursuite, exclut, par voie de conséquence, ceux qu'il ne désigne pas.

Dans des conclusions prises par le Procureur Général Dupin, à l'occasion d'un arrêt sur la matière prononcé par la Cour de Cassation, ce magistrat s'est exprimé ainsi : « Les Tribunaux Civils « n'ont mission que pour statuer sur les contesta- « tions particulières dont ils sont saisis suivant « les formes déterminées par la loi. Le Tribunal de « Saint-Malo n'a pu se saisir spontanément, en « vertu du droit de discipline qu'il a sur les no- « taires, car, aux termes de l'article 53 de la loi du « 25 ventôse an XI, l'exercice de ce droit est sou- « mis aux règles établies pour le jugement des

« affaires civiles ordinaires et il doit être provo-
« qué par les poursuites des parties intéressées ou
« par celles du Ministère Public.

« D'un autre côté, en invitant le Procureur du
« Roi à faire des réquisitions au sujet de l'illéga-
« lité du tarif (adopté par la Chambre des notaires),
« le Tribunal de Saint-Malo a violé le principe
« de l'indépendance et de la spontanéité d'action
« du Ministère Public ; il s'est arrogé par là un
« droit que l'article 2 de la loi du 20 avril 1810
« n'attribue qu'aux Cours royales et seulement
« pour la poursuite des crimes ou délits. »

Ainsi au Ministère Public seul appartient le
soin de décider de l'opportunité des poursuites
disciplinaires et de requérir telle peine que lui
paraîtra comporter la faute imputée à l'officier
ministériel incriminé.

Le Tribunal ne pourrait pas par une délibération
inviter le Parquet à poursuivre ; il doit se contenter de lui transmettre la plainte qui aurait été reçue par son Président.

La loi nouvelle ne s'est pas contentée d'attribuer
aux Tribunaux Civils la compétence en matière de
poursuites disciplinaires. Elle a voulu aussi que
ces actions fussent, comme en droit commun, en-
tourées de formalités pouvant garantir les intérêts
des parties en cause.

Le tiers lésé ne peut se porter partie civile

comme en matière pénale, nous l'avons vu, il ne peut intenter directement que l'action en dommages-intérêts qu'il portera devant la juridiction civile ordinaire.

Il est permis au Ministère Public d'exercer l'action disciplinaire en tout état de cause alors même que la partie lésée serait déboutée de sa demande.

En effet, la solution du procès civil ne peut avoir, à l'égard du Parquet, l'autorité de la chose jugée.

Quel que soit le moment auquel il intervient, le Procureur de la République ne doit agir que par voie principale.

Ainsi, il ne peut pas, au procès civil se porter partie incidente pour requérir une peine disciplinaire, car son action essentiellement répressive n'a aucun rapport avec les intérêts en jeu.

De ce que la juridiction civile est investie du droit de connaître des infractions disciplinaires, il ne résulte pas pour les Tribunaux l'obligation de suivre les formes de la procédure civile.

L'action disciplinaire est une action *sui generis* qui tend à faire prononcer des peines particulières contre certaines catégories de personnes.

Il ne faut donc pas interdire, en cette matière, toute procédure pénale.

Déjà, sous l'empire de la loi de ventôse, la jurisprudence avait décidé que le Procureur de la République reste libre, au cours de toute affaire de ce genre, de ne pas appliquer les formes de procédure civile qui tendraient à faire échec aux droits du Ministère Public ou qui seraient incompatibles avec le caractère répressif que conserve l'action (1).

La même solution s'impose, avec la loi nouvelle, surtout en présence de l'identité de situation qu'elle a créée entre les notaires et les autres officiers ministériels.

Des arrêts récents de la Cour de Cassation nous permettent, du reste, d'affirmer que telle paraît bien être l'interprétation que la jurisprudence entend conserver encore en cette matière (2).

Nous n'avons pas à nous occuper ici de la façon dont s'instruira le débat purement civil que peut engager la partie lésée.

Seule la poursuite disciplinaire doit nous retenir et nous avons à nous demander dans quelles conditions elle est menée devant la juridiction compétente.

Occupons-nous d'abord du cas où il s'agit d'une faute commise hors de l'audience ou découverte à l'audience.

(1) 10 mai 64 (S. 64, 1, 359) (20 juillet 1869 S. 1870, 1, 14).
(2) Cass. 25 octobre 1899. Rec. Gaz. Trib. 1er sem. 1900, n° 22.533.

L'affaire sera inscrite au rôle comme sommaire, le Ministère Public n'est pas plus tenu ici qu'en matière pénale de signifier des conclusions écrites. Il peut, d'autre part, faire par témoins ou par tout autre moyen la preuve des faits reprochés.

Ainsi que le dit la Cour de Cassation : « Le juge « peut puiser les éléments d'appréciation dans « les pièces à conviction d'une procédure crimi- « nelle en cours d'instruction sur lesquelles l'in- « culpé a été mis en mesure de se défendre, si ces « pièces ont été jointes au dossier discipli- naire. » (1).

Confirmant sa doctrine, la Cour suprême dit encore dans une décision récente : « Pour l'appré- « ciation des faits constitutifs du manquement au « devoir professionnel, les juges ont la plus « grande latitude ; ils peuvent se fonder sur toutes « les enquêtes faites, sur tous renseignements « recueillis, à la seule condition que communi- « cation en ait été donnée à l'inculpé et que cette « communication ait eu lieu dans la cause. » (2).

Un jugement n'est pas nécessaire pour accorder ou fixer une enquête. Les parties en cause peuvent citer leurs témoins directement au jour d'au- dience que fixe l'assignation.

____

(1) **Cass.** 20 juillet 1869, précité.
(2) **Id.** 25 octobre 1899, précité.

Pour cette dernière, on suivra les délais et formes des articles 72 et 61 du Code de Procédure Civile.

De même aussi la parole appartiendra d'abord au Procureur de la République afin que la partie poursuivie et son défenseur puissent, comme devant toute juridiction répressive, combattre l'accusation.

Mais y a-t-il lieu d'appliquer en cette matière les principes admis par les articles 153, 190, 210 du Code d'Instruction Criminelle et 112 du Code de Procédure Civile ? Peut-on admettre, en un mot, que le Ministère Public ait le droit de prendre deux fois la parole dans une affaire disciplinaire, une première fois avant l'audition des témoins, une deuxième fois après leur déposition ?

La question s'est posée devant la Chambre des requêtes de la Cour de Cassation, qui dans un arrêt du 14 novembre 1899, l'a résolue par l'affirmative. La Cour suprême a estimé, en effet, que cet état de choses ne pouvait pas constituer une violation des articles susvisés et que les droits de la défense étaient scrupuleusement respectés, lorsque les conclusions de l'avoué, la plaidoirie de l'avocat et les observations de l'inculpé avaient été présentées dans l'ordre établi par la loi (1).

(1) D. Jur. Gen. 3e cahier 1900. — 1ere partie, p. 60.

Quel est le rôle joué par l'inculpé dans la procédure disciplinaire ?

Il est un principe absolu applicable en toutes matières : c'est que nul ne peut être condamné sans avoir été entendu. La Cour de Cassation est même allée plus loin. A cause du caractère essentiellement répressif de ces poursuites, elle décide que la présence de l'inculpé aux débats est nécessaire et que le Tribunal peut l'exiger.

« Le devoir de comparaître, ajoute la Cour de « Nancy, constitue, pour l'homme investi de fonc- « tions publiques, un devoir de convenance plus « étroit que pour le simple particulier et son re- « fus d'obéir l'expose par cela même aux suppo- « sitions les plus fâcheuses (1). »

Ne vaut-il pas mieux, du reste, pour l'inculpé lui-même, venir rendre compte de sa conduite devant cette juridiction disciplinaire, qui constitue surtout un Tribunal paternel et bien domestique ?

Il n'est pas douteux que l'officier ministériel qui ne comparaîtrait pas pourrait former opposition à la décision par défaut prise contre lui.

Que décider si ce moyen, au lieu d'être invoqué par lui avant son remplacement, ne l'est qu'après la nomination de son successeur ?

(1) S. 74, 2, 116.

La jurisprudence vient de déclarer dans un jugement récent qu'il y a lieu, pour la juridiction disciplinaire, de se déclarer incompétente (1).

Rappelons brièvement les faits : un notaire, destitué par défaut, fait opposition au jugement qui le frappe, mais seulement après que son remplaçant d'office a prêté le serment d'usage. Le Tribunal, tout en admettant l'opposition, décide qu'il y a lieu pour lui de se déclarer incompétent, parce que l'officier ministériel a perdu sa qualité avant de former opposition au jugement. Cette décision nous paraît critiquable.

Le Tribunal admet l'opposition : il reconnaît ainsi implicitement que le jugement par défaut n'a pas encore acquis l'autorité de la chose définitivement jugée. La destitution n'était donc pas définitive au moment où le successeur du condamné a été nommé. Par suite, ce dernier n'avait pas encore perdu sa qualité d'officier ministériel et, l'office n'étant pas vacant, le Gouvernement ne pouvait pas nommer son remplaçant.

Que la destitution par défaut entraîne, à cause de l'exécution provisoire qui en est la conséquence, des interdictions provisionnelles telles que celles de passer des actes, en un mot, de remplir les fonctions attachées à la charge, conformément à l'article 52

____
(1) S. 1900, 1, 145.

de la loi du 25 ventôse an XI, nous l'admettons (1). Mais il ne faut point perdre de vue que la déchéance encourue n'est que provisoire et que le jugement définitif peut seul lui donner le caractère indélébile, qui fait perdre au condamné sa qualité d'officier public, d'une manière définitive.

Jusqu'à ce moment le notaire n'était point dépouillé de sa qualité. Le décret qui nommait son successeur ne venait pas sanctionner une condamnation judiciaire définitive, pour lui faire produire la déchéance complète de celui qu'elle frappait d'après la loi du 25 ventôse an XI. La destitution des notaires doit être prononcée par les Tribunaux ; aucune disposition légale ne donne à l'autorité administrative le droit de les révoquer.

Chaque autorité devant conserver sa sphère d'application, le Tribunal n'avait pas à tenir compte de la décision administrative. Il n'était pas lié par la nomination du successeur et ne devait se préoccuper que de juger la question au fond, c'est-à-dire de décider si le condamné avait réellement mérité la peine prononcée par défaut contre lui.

Si, au cours des débats, des difficultés avaient été soulevées au sujet de l'interprétation du décret de

(1) V. Rutgeerts et Amiaud, *Commentaire de la Loi du 25 ventôse, an XI*, t. 3, n° 1258 et *Journal des Notaires*, 8, 73, article 13215.

remplacement, le Tribunal ne devait pas pour
cela se déclarer incompétent sur le fond.

Cette question préjudicielle aurait été du do-
maine de l'autorité administrative. Il aurait alors
appartenu aux parties de la faire trancher en dehors du litige disciplinaire proprement dit.

Nous pouvons donc conclure, à l'encontre de la
solution précitée, que, lorsqu'une juridiction de
discipline se trouve en présence d'un opposant
vis-à-vis duquel la sentence par défaut n'est pas
devenue définitive, aucune raison de droit ne peut
l'empêcher de se déclarer compétente, alors même
que le remplaçant est nommé et a prêté serment.

Notre manière de voir nous paraît corroborée
par un arrêt de la Cour de Cassation du 10 janvier 1887 (1). Cette décision reconnaît à un notaire
condamné « intérêt et qualité, bien qu'il ait cessé
« ses fonctions depuis la décision disciplinaire
« qui l'a frappé, pour déférer à la Cour de Cassa-
« tion un pourvoi qu'elle puise le droit d'exami-
« ner dans sa mission de Cour régulatrice et de
« juge des excès de pourvoir. »

En appliquant ce système dans toutes ses conséquences, la Cour, après avoir cassé la décision
objet du pourvoi, renvoie devant une autre Chambre
disciplinaire, reconnaissant ainsi implicitement

(1) S, 87, 1, 28.

que cette dernière juridiction peut s'exercer à l'égard d'un notaire démissionnaire et remplacé.

La partie poursuivie pourrait-elle se faire représenter par un fondé de pouvoirs? En un mot, l'officier ministériel incriminé a-t-il le droit de constituer avoué? Il nous semble difficile de l'admettre.

Il s'agit, il est vrai, d'une instance pendante devant un Tribunal Civil; mais en dehors de la célérité que réclame une affaire de cette nature, sa procédure n'est ni assez savante ni assez compliquée pour exiger la présence d'un avoué.

Il ne s'agit pour l'officier ministériel que de s'expliquer nettement, loyalement sur les faits contraires aux lois, ou aux bonnes mœurs dont il est accusé. Néanmoins, comme aucune disposition légale n'interdit la constitution de l'avoué, le Tribunal saisi ne pourrait pas refuser à l'inculpé le ministère d'un tel mandataire.

Il n'y a aucune raison au contraire pour ne pas appliquer à la partie poursuivie les règles du droit commun en ce qui concerne le choix d'un défenseur.

A notre avis aussi, l'affaire étant jugée sommairement, il est inutile, pour l'inculpé comme pour les autres parties, de prendre des conclusions écrites. Celles qui pourraient être prises n'auraient pas besoin d'être signifiées au Ministère Public, il suffirait de les lui remettre sous forme de note.

Ajoutons que la loi nouvelle, s'inspirant des raisons d'utilité sociale qui font de la publicité des débats judiciaires l'une de nos plus précieuses institutions, n'a pas empêché qu'on donnât à ces affaires la publicité du droit commun.

Le Tribunal aurait le droit seulement, suivant les termes de la Constitution du 4 novembre 1848, article 8, d'ordonner le huis-clos toutes les fois que l'ordre ou les mœurs le réclameraient.

Les juges peuvent, selon le cas, soit prononcer contre l'inculpé l'une des peines que la loi leur donne mission d'appliquer, soit le renvoyer des fins de la poursuite. Il n'est pas douteux que leurs décisions doivent être motivées et cela surtout lorsque les faits qui donnent lieu à la poursuite ne sont pas définis et qu'il importe alors de montrer pourquoi l'officier inculpé est condamné.

Ce dernier ayant intérêt à connaître comme en toute matière pénale quelle est la loi qui lui a été appliquée, il nous paraît indispensable d'appliquer ici les dispositions du Code d'Instruction Criminelle (article 163, 195 et 369) qui exigent que le jugement mentionne les articles de loi visés par lui.

La décision disciplinaire, bien que prononcée par un Tribunal Civil, diffère, du reste, à bien des points de vue et dans sa forme et dans sa teneur d'un jugement rendu en matière civile.

La Cour de Cassation vient de décider, après variations, que : « en matière de discipline nota-
« riale il n'est pas nécessaire que les décisions
« rendues contiennent toutes les énonciations
« prescrites par les articles 141 et 142 du Code de
« Procédure Civile ; il suffit que ces décisions re-
« latent les faits qui ont donné lieu à la poursuite
« et les moyens de défense qui ont été présentés
« par l'inculpé : dans l'espèce, l'arrêt attaqué
« indiquant, dans ses motifs, les griefs relevés
« par le Ministère Public contre M⁰ X... et les
« conclusions prises par ce dernier sur chacun
« d'eux ; il est donc parfaitement régulier (1). »

Par suite, les qualités ne sont pas nécessaires puisque, ici, les parties ne sont pas astreintes à prendre des conclusions écrites et à se les signi-fier. Néanmoins certaines mentions restent encore nécessaires tout comme dans les jugements cor-rectionnels. Ce sont celles qui sont indispensables pour s'assurer que toutes les formalités exigées par la loi ont été respectées.

Ainsi les décisions doivent contenir le nom des membres du Tribunal qui y ont participé, celui des parties poursuivies, l'exposé des faits qui ont donné lieu à la poursuite, les conclusions prises à l'audience par les différentes parties.

(1) Cass., 25 octobre 1899. Arrêt précité.

Comme on le voit, ce simple résumé des débats, qui est du reste l'œuvre du juge, ne ressemble en rien aux qualités proprement dites. Il ne pourrait donc pas faire l'objet d'un règlement de qualités.

Les décisions doivent être signées ainsi qu'en matière ordinaire (article 138 du Code de Procédure Civile) par le président et par le greffier.

Doivent-elles être notifiées à l'inculpé ?

L'affirmative nous paraît s'imposer.

En effet, il est nécessaire que l'officier ministériel condamné connaisse, en même temps que la peine qui le frappe, la portée que les juges ont entendu lui donner. Il pourra ainsi mieux méditer le jugement et en saisir plus exactement la portée. On sait, du reste, qu'en matière civile les décisions de justice n'ont d'effet que du jour de la signification.

Dans son alinéa final, l'article 1er de la loi de 1898 décide que les jugements disciplinaires sont exécutoires par provision. D'un autre côté, la loi de ventôse an XI porte que tout jugement contradictoire en cette matière produit tous ses effets au moment de la signification qui en sera faite.

N'est-ce pas assez dire que la signification des jugements s'impose en pareille matière par la volonté même de la loi ?

Nous devons ajouter que, l'action disciplinaire

ne pouvant être intentée directement que par le Parquet, l'assignation est donnée au nom du Procureur de la République. Elle doit énoncer, avec les faits qui motivent la poursuite, la peine qui sera requise et les articles de lois qui sont visés.

Il nous reste à dire un mot de la procédure spéciale aux fautes commises à l'audience.

Ainsi que nous l'avons vu, les Tribunaux sont en droit de réprimer directement toutes les infractions commises à leurs audiences par les officiers ministériels. Deux conditions sont indispensables pour rendre cette procédure possible.

Il faut : 1° que l'officier ministériel ait commis une infraction à l'audience même ;

2° que la juridiction devant laquelle elle s'est produite s'en saisisse tout de suite, au moment même où elle s'est accomplie.

En dehors de ces deux conditions les règles précédemment exposées pour les autres fautes seront seules applicables.

L'officier ministériel coupable est entendu immédiatement.

Dans ce cas, d'ailleurs, l'inculpé étant nécessairement présent, il n'est besoin d'aucune citation, d'aucun acte, pour lui faire connaître l'imputation dont il a à se défendre.

Mais, s'il arrivait que la décision, au lieu d'être prononcée à l'audience même où le fait incriminé s'est produit, fut remise à un autre jour, le motif de l'exception n'existant plus, du moins au même degré, il conviendrait que la citation fût donnée.

Cette solution s'impose surtout, dans le cas d'absence du coupable au jugement de remise. Nul ne peut être en effet condamné, sans avoir été préalablement entendu.

Un délai peut lui être accordé pour préparer ses moyens de défense, ou pour prendre un défenseur, s'il le demande.

Nous n'insisterons pas davantage sur les caractères particuliers de la procédure disciplinaire qui n'a pas fait le but immédiat de la réforme entreprise par le législateur de 1898.

Mais comme, à bien des points de vue, la nouvelle loi a fait rentrer cette matière dans les termes du droit commun, il nous a paru intéressant de rechercher encore si la prescription pouvait être appliquée à l'action disciplinaire?

On ne peut, selon nous, étendre à cette action, profondément distincte de l'action publique et de l'action civile, les dispositions des articles 637 et 638 du Code d'Instruction Criminelle.

C'est aux crimes, aux délits de droit commun, aux intérêts civils, que s'appliquent les règles relatives à la prescription édictées par ces articles.

La matière qui nous occupe est régie par des principes spéciaux, visant, tout à la fois, l'intérêt du corps auquel l'officier ministériel appartient et celui des tiers auxquels il importe que l'officier ministériel, dont ils peuvent être obligés de solliciter l'intervention, soit digne de leur confiance. L'esprit dans lequel elle est conçue exclut toute idée de prescription.

La dignité, l'honneur professionnels sont, comme nous l'avons montré, la base de l'institution, l'égide des officiers ministériels, leur raison d'être et on ne peut, comme cela a été dit très justement, « jamais prescrire contre l'honneur. »

Cependant la rigueur des principes doit être tempérée dans certaines circonstances. La faute commise par le coupable est peu grave ; par exemple, elle a été rachetée par toute une vie d'honneur, elle est ignorée et remonte à plusieurs années.

Ne vaut-il pas mieux dans ces circonstances laisser sommeiller l'action disciplinaire ? Il faudrait des motifs bien graves pour agir autrement. Mais, c'est au Ministère Public, seul maître de l'action disciplinaire, qu'il appartient de décider de l'opportunité des poursuites. Il ne peut pas avoir de meilleur guide que sa conscience.

La doctrine et aussi la jurisprudence de la Cour de Cassation n'admettent, en cette matière, ni la prescription criminelle ni la prescription civile. Elles se fondent sur ce fait que les mesures disciplinaires ne sont pas de véritables peines, mais des moyens institués pour maintenir, par des raisons d'ordre et d'intérêt public, l'autorité morale et le respect du corps auquel appartient le coupable ; qu'elles s'attachent moins aux faits qu'aux conséquences de ces faits (1).

Les législations étrangères n'ont pas admis cette conséquence des raisons qui servent de fondement à l'action disciplinaire. C'est ainsi que la loi du 26 mars 1881 sur l'exercice du pouvoir disciplinaire dans le royaume de Bavière décide, dans son article 2, que cette action se prescrit par 5 ans. (*Annuaire de Législation Étrangère*, année 1882, p. 237).

Comme en droit criminel, il est certain que le désistement du Ministère Public pas plus que celui de la partie lésée ne peut arrêter la poursuite disciplinaire dès qu'elle est engagée. Il importe, en effet, à la société comme au corps dont fait partie l'officier public inculpé, que l'infraction poursuivie soit réprimée si elle a eu lieu, que l'inculpé soit justifié s'il n'a commis aucune faute.

(1) V. Lefebvre, *Discipline Notariale*, t. 2, n° 361 et Dutruc, *Responsabilité et Discipline des Officiers Ministériels*, n° 361 et aussi Arrêt des Chambres réunies du 9 novembre 1852.

CHAPITRE V

Il y a lieu de distinguer avec la loi du 10 mars 1898 : 1° les peines qui peuvent être appliquées aux officiers ministériels pour toutes les fautes qu'ils commettent même pour des faits de la vie privée, tels qu'infractions aux lois de la morale, de la probité ;

2° celles dont on peut les frapper lorsqu'il est constaté contre eux des contraventions aux lois et règlements.

L'article 1er nous donne l'énumération des peines édictées contre les fautes appartenant à la première catégorie.

Ce sont : la destitution, la suspension, les condamnations à l'amende et aux dommages-intérêts.

Il n'y a pas lieu de revenir sur les définitions que

nous avons données précédemment au sujet des deux premières pénalités. Nous en connaissons les graves conséquences.

Les dommages-intérêts constituent plutôt une réparation civile et non pas, comme les autres peines, une mesure purement répressive.

Quant aux amendes, la loi nouvelle a entendu se référer aux nombreux textes qui appliquent cette peine à certaines infractions disciplinaires.

Ainsi, les articles 35, 36, 98, 99, du décret du 14 juin 1813, 18, de la loi du 25 mai 1838, 627 du Code de Commerce, etc., pour les huissiers.

Doit-on en conclure que la loi de 1898 a entendu enlever leur compétence aux juridictions exceptionnellement désignées par ces textes pour prononcer ces peines ?

En un mot le Tribunal Civil est-il seul désormais compétent aux lieu et place du Tribunal Correctionnel pour appliquer, par exemple, à l'huissier qui n'aura pas remis à personne ou à domicile les copies de pièces ou les exploits qu'il est chargé de signifier, l'amende de 200 à 2000 fr. prévue par l'article 45 du décret du 14 juin 1813 ?

Nous ne le pensons pas. La loi nouvelle n'implique pas l'abrogation des dispositions précédemment en vigueur à cet égard.

Elle se contente dans l'énumération qu'elle fait des peines disciplinaires de citer les amendes.

Si elle avait entendu attribuer au Tribunal Civil seul l'application de cette peine, elle l'aurait dit d'une façon expresse.

Du reste l'article 45 du décret de 1813 n'était lui-même qu'une exception au principe posé par ce décret qui attribuait au Tribunal Civil le pouvoir de prononcer des amendes contre les huissiers.

L'article 1er de la loi de 1898, posant le même principe, ne peut pas être plus incompatible avec l'article 45 du décret de 1813, que ce dernier ne l'était avec l'article 73 du même décret.

De même l'amende prévue par l'article 2 du décret du 29 août 1813 qui, pour des raisons semblables, doit être appliqué encore par la Cour ou par le Tribunal devant lesquels une copie illisible aura été produite par un huissier. Les articles 627 du Code de Commerce, 18 et 19 de la loi du 25 mai 1838, 7 et 8 de la loi du 25 juin 1841 comportent la même solution. Tous ces textes demeurent en vigueur malgré les termes généraux de l'article 1er de la loi nouvelle.

Pour nous résumer, nous pouvons dire que le législateur n'a pas voulu innover; il n'a fait que reproduire le principe posé par la loi du 25 ventôse an XI attribuant aux Tribunaux Civils seuls, en matière disciplinaire, l'application des peines d'amende, mais sans songer probablement aux cas particuliers que nous venons de signaler.

Avec l'article 2 de la loi du 10 mars 1898 qui modifie l'article 102 du décret du 30 mars 1808, nous arrivons à la seconde catégorie des peines prévues par la nouvelle législation.

Cette série de pénalités est encourue seulement au cas où il serait constaté contre un officier ministériel « des contraventions aux lois et règlements ».

Les termes mêmes de cette disposition montrent suffisamment quelle nature d'infractions le législateur veut réprimer ainsi.

L'application de ces peines est limitée à toute violation soit d'une loi, soit d'un règlement, que ce dernier émane d'une Chambre corporative ou de la Chancellerie. Comme désormais la décision du Tribunal infligeant une peine disciplinaire est un véritable jugement prononcé en audience publique, il devient indispensable qu'il vise, en appliquant ces pénalités, les actes précis qu'il entend condamner en même temps que la loi ou le règlement qui les rend susceptibles d'une répression.

Tous autres faits, ne violant ni une loi ni un règlement, tombent sous l'application de l'article 1er de la loi de 1898. Ils sont donc susceptibles d'entraîner contre le coupable soit la suspension, soit la destitution, soit une amende, soit encore une condamnation à des dommages-intérêts ; mais non les peines prévues par l'article 2 (1re partie).

Ces dernières peines sont énumérées par la loi, et la place qu'occupe chacune d'elles dans son texte en marque la plus ou moins grande importance.

Rien de particulier à dire au sujet des deux premières, que leur nom seul suffit à expliquer.

Il y a lieu d'examiner, au contraire, ce qui concerne la condamnation personnelle aux dépens.

Cette pénalité doit être distinguée de celle indiquée par l'article 132 du Code de Procédure Civile.

La condamnation aux dépens prévue dans ce Code comporte, au profit de la partie plaignante, une réparation du dommage qu'elle a éprouvé, tandis que la condamnation personnelle aux dépens constitue, à l'égard de l'officier ministériel qui l'encourt, une véritable pénalité.

Il en résulte que, bien que la contravention aux lois et règlements ne soit pas réprimée, la condamnation aux dépens de l'article 132, peut être prononcée comme réparation accordée au plaignant, par la juridiction civile, saisie d'une demande en dommages-intérêts.

De même, l'officier ministériel déjà condamné au paiement des frais, par la juridiction disciplinaire, peut l'être encore par le Tribunal Civil, saisi par le tiers lésé d'une demande en réparation du dommage causé.

Les peines de la suspension et de la destitution

sont encore applicables en matière de contravention aux lois et règlements.

Nous devons maintenant examiner, avec la
jurisprudence, une question qui paraît douteuse
sous l'empire de la nouvelle loi comme avec l'ancienne.

On s'est demandé si les juridictions appelées à
juger une des contraventions prévues par l'article 2 pouvaient, lorsque les faits leur paraissaient
peu graves, prononcer une des peines dont l'application est attribuée aux Chambres syndicales ?

Ce pouvoir appartient-il aux Tribunaux lorsque
les Conseils de discipline eux-mêmes ont omis ou
négligé d'exercer leur juridiction ?

La Cour de Cassation et la doctrine décident
que cette omission doit être considérée comme un
refus d'agir et qu'il suffit, pour autoriser l'action
judiciaire, qu'il se soit écoulé un délai moral sans
poursuites. Il n'est pas nécessaire de constater
préalablement la négligence ou l'omission de la
Chambre syndicale (1).

On est loin de s'entendre, au contraire, en ce
qui concerne la question, telle que nous l'avons
posée d'abord, c'est-à-dire abstraction faite de
tout refus ou omission de la part du Conseil de

______

(1) V. Rolland de Villargues, *Répertoire du Notariat. V° Discipline Notariale*, n° 12.

discipline (1). L'affirmative a cependant fini par prévaloir, et nous croyons intéressant de rappeler ici les arguments sur lesquels elle fonde sa solution. Ses partisans et avec eux la jurisprudence disent : il résulte des dispositions prises par le législateur que chacun des pouvoirs chargés de réprimer les fautes disciplinaires doit se mouvoir dans la sphère qui lui est assignée ; ainsi, lorsqu'un fait imputé à un officier ministériel ne semble passible que de peines de discipline intérieure, il ne doit pas être déféré aux Tribunaux, mais à la Chambre corporative.

Cependant, s'il arrivait qu'un Tribunal saisi de la connaissance d'un fait que le Ministère Public aurait jugé assez grave pour le déférer à la juridiction supérieure, l'appréciât avec moins de sévérité et fût d'avis qu'il ne mérite qu'une peine de discipline intérieure, le Tribunal devrait appliquer lui-même cette peine.

En effet, la part laissée par le législateur à l'appréciation par le juge des faits incriminés est trop grande pour qu'on puisse dire qu'il a voulu distinguer absolument les infractions susceptibles de peines de discipline intérieure de celles qui sont frappées de peines plus graves. Par suite, la

(1) Cass. 12 janvier 1887. D. 87, 1, 57. Adde Rolland de Villargues, *Dictionnaire des Notaires* V^o, *Discipline Notariale,* n°s 6 et 16. Eloy, *Responsabilité des Notaires,* t. II, n° 1042, etc.

juridiction disciplinaire peut, pour un même fait, infliger soit une peine légère, soit une condamnation grave suivant les circonstances. Car qu'arriverait-il si le Tribunal était obligé de se dessaisir chaque fois que le fait lui paraîtrait comporter une peine inférieure ?

Sans doute la Chambre de discipline serait saisie ; mais qu'on suppose que cette dernière apprécie plus sévèrement que le Tribunal le fait incriminé, et se déclare incompétente, comme ne pouvant pas appliquer une peine assez grave ?

Il en résultera un étrange conflit dont il nous paraît difficile de sortir sans laisser impunies des fautes quelquefois graves, et sans exposer le coupable à une procédure bien bizarre. Ne vaut-il pas mieux vraiment attribuer aux Tribunaux la pleine juridiction, les laisser maîtres en cette matière d'appliquer telle ou telle peine.

Un arrêt de la Cour de Cassation va jusqu'à décider que toute poursuite en suspension ou en destitution d'un notaire peut aboutir, devant un Tribunal qui, cependant, n'a le droit de prononcer que ces deux peines d'après la loi du 25 ventôse an XI, à l'application pure et simple des autres mesures répressives que prévoit actuellement le nouvel article 2. (1).

(1) Cass. 12 janv. 1887. D. 87, 1, 57 et note.

Nous estimons cependant que, pour qu'on puisse agir ainsi sous l'empire de la loi du 10 mars 1898, il faudrait se trouver précisément dans les conditions prévues par l'article 2 précité.

Un cas peut se présenter encore. Il peut arriver qu'une faute, ne constituant d'ailleurs aucune contravention aux lois et règlements, ait été commise et n'ait pas été poursuivie devant la Chambre syndicale. Il semble, d'après les termes de l'article 2 de la loi du 10 mars 1898, que les peines qu'il énumère ne sont applicables que dans le cas où une infraction de ce genre s'est produite.

Faut-il en conclure qu'une infraction, ne présentant pas ce caractère et qui d'ailleurs n'a pas fait l'objet d'une poursuite devant la Chambre corporative, doit rester impunie?

Nous pensons que, puisque la loi a défini les fautes passibles de telle ou telle peine, il y a lieu de maintenir jusqu'au bout cette distinction.

Nous admettons donc que le Ministère Public, dont le droit de surveillance s'exerce au-dessus de celui de la Chambre syndicale, peut, malgré l'inaction de cette dernière, mettre en mouvement l'action disciplinaire et porter l'affaire devant le Tribunal. Cependant, puisqu'on n'a pas à reprocher au coupable une infraction aux lois et règlements, le Parquet ne peut requérir et le Tribunal appli-

quer que toutes les peines de discipline autres que
celles de l'article 2.

Le Tribunal aura ici plénitude de juridiction
tout comme les Tribunaux Correctionnels l'ont
pour les délits qui peuvent dégénérer par les débats en simples contraventions. Il pourra, en
conséquence, soit prononcer les peines de l'article 1er, si l'infraction lui paraît grave, soit une
peine moindre de discipline intérieure, si elle lui
paraît atténuée par les explications du coupable
ou par l'examen de l'affaire ; et, dans ce dernier
cas, il aura à tenir compte de l'aggravation de
peine qui peut résulter de la publicité de l'audience.

La jurisprudence n'admet pas une autre solution
en ce qui concerne les notaires (1).

Il nous reste, sur cette matière des peines, à
signaler une différence au point de vue de leur
exécution. Dans son alinéa final, l'article 1er de la
loi de 1898 décide que les peines qu'il énumère
sont exécutoires par provision. Mais cela ne doit
s'entendre que de la décision portant une mesure
disciplinaire autre que des condamnations à l'a-
mende et aux dommages-intérêts.

Ainsi le Ministère Public peut, malgré l'appel
du condamné, mettre de suite à exécution le ju-

(1) V. Dalloz, P. 53, 2, 3, et 54, 2, 114.

gement intervenu. Il importe, en effet, à l'ordre
public que l'officier ministériel destitué ou suspendu ne puisse plus remplir ses fonctions ni
accomplir pour ses clients des actes qui ont cessé
d'être valables par cela seul qu'il a été condamné.

Bien entendu, lorsqu'il s'agit d'un jugement par
défaut, l'exécution n'est possible qu'autant que
les délais d'opposition sont expirés. Mais le Ministère Public reste libre d'exécuter, quand il le
veut, la décision disciplinaire.

Il s'inspire pour cela des circonstances de la
cause, car il ne faut pas oublier que, l'appel et par
suite une réformation du jugement étant possible,
il peut résulter d'une exécution trop rapide des conséquences irréparables pour l'officier ministériel
qui en serait l'objet. Nous avons vu, en effet, la situation faite par la jurisprudence à celui dont la destitution a été encourue à la suite d'un jugement non
encore définitif et contre lequel on a cependant
exécuté la sentence (1). C'est retirer d'une main
ce qu'on donne de l'autre ; car, en permettant ces
exécutions précipitées on enlève indirectement
aux officiers ministériels destitués ou suspendus
la garantie des voies de recours ordinaires que la
loi nouvelle a voulu leur permettre contre les
condamnations disciplinaires. Cela est surtout fla-

____

(1) V. Sirey, 1900, 2, 145, précité.

grant lorsque le Gouvernement remplace d'office
le condamné comme dans l'espèce que nous rap-
pelions tout à l'heure. Un pareil acte équivaut à
une véritable révocation ; c'est comme un droit de
destitution *proprio motu* dont le texte de la loi du
10 mars 1898 a voulu éviter le retour.

Quant aux autres peines prévues par cette loi, il
en est parmi celles de l'article 2 qui ne comportent
pas l'exécution provisoire. Les faits qui motivent
les injonctions, les défenses de récidive, etc, n'intéressent pas l'ordre public comme ceux qui néces-
sitent la destitution ou la suspension. D'ailleurs ces
mesures ne sont pour ainsi dire pas susceptibles
d'exécution ; la décision qui les prononce entraîne
avec elle cette exécution, elle résulte tant de la
publicité qu'elle a reçue que de celle des débats
qui l'ont précédée.

Il faut ajouter que, parmi les peines de l'article
2, la condamnation personnelle aux dépens est
une peine pécuniaire et par suite, d'après le principe posé par l'article 1ᵉʳ non susceptible d'exécution provisoire.

La loi nouvelle ne dit rien des voies de recours
qui sont ouvertes au condamné disciplinaire.

Il n'est pas douteux cependant qu'elle a voulu
s'en référer, sur ce point, au droit commun.

Dans cette matière, comme dans toute affaire
portée devant les Tribunaux, il faut que les parties

en cause puissent lutter devant tous les degrés de juridiction pour la défense de leur honneur et de leurs intérêts et qu'elles possèdent, à cet égard, les mêmes garanties que tous les autres plaideurs.

CHAPITRE VI

LES VOIES DE RECOURS OUVERTES AU CONDAMNÉ DIS-
CIPLINAIRE SONT CELLES DU DROIT COMMUN. —
EXAMEN DE QUELQUES HYPOTHÈSES PARTICULIÈRES.

L'esprit de la loi, à defaut de ses termes, suffit à montrer que le législateur de 1898 a voulu substituer, aux voies de recours spéciales prévues par les anciens textes, les moyens ordinaires de notre procédure civile et pénale.

Ainsi qu'on l'admettait pour les notaires avec la loi du 25 ventôse an XI, les décisions disciplinaires sont désormais susceptibles de l'opposition, de l'appel, du pourvoi en cassation.

Etudions chacune de ces voies de recours.

Opposition. — Si l'officier ministériel, régulièrement cité devant le Tribunal de sa résidence, ne répond pas à la citation au jour indiqué par elle, il est jugé par défaut, même s'il avait constitué avoué.

Il ne faut pas oublier, en effet, qu'en matière

disciplinaire la présence de l'inculpé est indispensable aux débats (1). Mais il est des cas où le coupable, tout en se présentant à l'audience, déclare qu'il entend faire défaut ou tout au moins témoigne par son attitude qu'il ne veut pas se défendre, par exemple, en ne concluant pas au fond, en ne donnant pas les explications et les moyens propres à sa défense.

Peut-on dire que dans ce cas, comme dans celui de l'absence personnelle de l'inculpé, il peut y avoir lieu à un jugement par défaut et par suite à opposition de sa part ?

La Cour de Cassation, et avec elle une partie importante de la doctrine, décide que le droit d'opposition existe en faveur du condamné qui ne s'est pas défendu par cela seul qu'à son égard le débat n'a pas été contradictoire et sans qu'il soit nécessaire de supposer qu'il n'a pas été touché par la citation (2).

La difficulté vient des termes mêmes de l'article 186 du Code d'Instruction Criminelle ainsi conçu : « Si le prévenu ne comparaît pas, il sera jugé par défaut. »

Or, en matière correctionnelle, les auteurs et la jurisprudence admettent aujourd'hui que la

(1) Sirey, 1880, 2, 20, et note.

(2) D. P. 83, 1, 417. Lefebvre, *Op. cit.*, t. ii, n° 1022. Voir aussi Armand Dalloz, Dutruc. *Op. cit.*

comparution du prévenu n'est pas un obstacle à ce que le jugement soit rendu par défaut. Ils distinguent le défaut faute de comparaître, lorsque le prévenu ne se présente pas à l'audience du défaut faute de défendre lorsque l'inculpé comparaît, mais refuse ou s'abstient de présenter ses moyens de défense.

Cette distinction admise, on reconnaît aux Tribunaux un très large pouvoir d'appréciation pour déterminer jusqu'à quel moment le prévenu qui se présente peut exercer le droit de faire défaut. Par exemple, la circonstance que l'inculpé s'est défendu personnellement sur la prévention et a contredit sur le fond ne suffit pas toujours pour rendre le jugement contradictoire.

Pour décider qu'un jugement correctionnel a été contradictoire ou par défaut on ne doit pas se baser sur des circonstances de fait plus ou moins apparentes, sur ce que le prévenu a fait telles ou telles interrogations ou réponses, mais sur cette considération générale qu'il a été ou non en situation de présenter librement et complètement sa défense. En résumé, un jugement ne peut être contradictoire que si l'inculpé a fait valoir tous ses moyens sur la prévention (1).

---

(1) Faustin Hélie, t. vi, n° 2956. Garraud, n° 600, Laborde, n° 1342, Boitard, n° 704. D. P. 75, 2, 132, et Crim. Cass. 25 novembre 1876 au Dall. *C. Inst. Cr.* annoté, article 186, § 20.

Nous ne voyons pas de raison pour ne pas appliquer les mêmes principes en matière disciplinaire.

La juridiction appelée à connaître des infractions commises par les officiers publics est surtout répressive.

Il nous paraît que ceux qui sont appelés devant elle doivent y rencontrer des garanties analogues à celles que l'on ne refuse pas aujourd'hui aux prévenus de droit commun.

Quant aux formes et aux délais de l'opposition, il y a lieu de distinguer, suivant que le condamné se trouve placé en face de la partie civile ou vis-à-vis du Ministère Public.

En ce qui concerne les condamnations civiles, pas de difficulté. L'officier ministériel pourra faire opposition dans les délais et dans les formes du Code de Procédure Civile.

Mais on sait qu'en vertu de l'article 1er de la loi du 10 mars 1898, les condamnations emportant destitution et suspension sont exécutoires par provision. Le Parquet, à qui il appartient de les faire exécuter, ne se trouve donc pas soumis, comme la partie civile, aux délais prévus pour les différents recours du condamné. N'importe-t-il pas en effet, afin de ne pas laisser l'office sans titulaire, par exemple, au cas de destitution prononcée par défaut contre un officier ministériel en fuite, que le jugement puisse devenir définitif même en l'absence de ce dernier ?

La loi de 1898 ne dit rien des délais d'opposition en matière disciplinaire. C'est une circulaire du Garde des Sceaux, en date du 17 février 1893, qui est venue sur ce point suppléer au silence du législateur.

« L'opposition doit être formée dans la hui-
« taine, à compter de la signification, sans distin-
« guer si elle a été faite à personne, à domicile
« ou au Parquet. Les officiers publics et ministé-
« riels sont en effet astreints, par leurs fonctions,
« à résider, dans le lieu qui leur a été désigné. On
« admet généralement que, s'ils prennent la
« fuite, c'est-à-dire, s'ils se rendent coupables
« d'un manquement nouveau et plus grave à
« leurs obligations professionnelles, ce n'est pas
« un motif pour leur accorder des délais plus
« longs et leur créer ainsi une situation plus favo-
« rable que s'ils étaient restés à leur poste. »

Il est fâcheux que le législateur de 1898 n'ait pas réglé la matière de l'opposition.

La circulaire précitée nous semble avoir à tort fait d'une simple signification au domicile, à la Mairie ou au Parquet, le point de départ du délai de huitaine qu'elle accorde au défaillant. Cette prescription nous semble contraire aux principes généraux du droit et notamment à l'article 187 du

Code d'Instruction Criminelle. Ce n'est plus, en effet, d'après cet article, de la simple signification non faite à la personne que court le délai d'opposition, mais de la notification au condamné, de l'exécution du jugement ou d'un acte qui indique que le coupable a eu connaissance de la décision qui l'a frappé.

Nous estimons donc que l'application de cet article peut seule sauvegarder les intérêts toujours respectables des officiers ministériels, car seule elle établit d'une façon absolue que le condamné n'ignore pas le jugement intervenu contre lui.

On ne saurait d'ailleurs, sans méconnaître les principes, donner à une simple circulaire ministérielle, une autorité supérieure à celle du législateur.

Cette solution nous semble conforme à l'esprit de la loi de 1898 qui a voulu entourer de garanties sérieuses la procédure applicable en matière disciplinaire.

Quant au délai, il nous paraît que, conformément à la circulaire, c'est celui de huitaine qui doit être accordé, car si le Code d'Instruction Criminelle fixe le délai d'opposition à cinq jours, le Code de Procédure Civile admet celui de huitaine. C'est l'application de ce dernier qui nous paraît la plus propre à sauvegarder les intérêts du défaillant, puisque elle lui accorde un laps de temps plus long à l'effet de faire valoir ses droits.

Cette manière de voir nous semble d'autant plus acceptable que, s'agissant d'une procédure toute spéciale, on peut emprunter indifféremment les principes de la législation criminelle ou ceux de la législation civile.

La distinction que nous venons de faire, au point de vue des délais, suivant que l'opposition intervient relativement à l'action civile ou à celle du Ministère Public, nous amène à signaler une conséquence assez intéressante de cette différence. L'article 202 du Code d'Instruction Criminelle permet l'appel de la partie civile, quant à ses intérêts civils seulement : on peut en conclure, à notre avis, par argument d'analogie, que le condamné pourra voir son opposition reçue par le Tribunal, sur les seuls intérêts civils, alors même que cette voie de recours ne serait plus possible, au point de vue de la peine disciplinaire.

Il avait paru douteux sous l'empire de l'ancienne législation, qu'un officier ministériel poursuivi pour une faute commise à l'audience, pût faire défaut et par suite former opposition à la décision qui le frappait dans ce cas.

La loi nouvelle faisant rentrer toutes les infractions disciplinaires dans le droit commun, il nous semble difficile de ne pas accorder les mêmes

droits pour les fautes commises hors de l'audience
et pour celles qui le sont à l'audience.

Quels sont les conséquences légales de l'opposition en matière disciplinaire ? En résulte-t-il,
comme dans les affaires civiles, un effet purement
suspensif suivant les termes des articles 155,
159, 161 et 162 du Code de Procédure Civile, de telle
sorte que la condamnation prononcée par défaut
ne puisse être aggravée, mais seulement maintenue ou réduite ?

Faut-il dire au contraire que, comme en matière
pénale, l'affaire est remise en l'état, c'est-à-dire
que la nouvelle décision peut porter une peine
plus forte ainsi qu'on l'admet généralement en
droit commun ? (1) A notre avis, et conformément
à l'esprit même de la législation disciplinaire qui
veut, pour que la lumière soit bien complète dans
ces affaires, que l'inculpé se présente en personne, il vaut mieux dire que le juge n'est point
lié, par la décision rendue par défaut. N'est-il pas
préférable, en effet, que l'affaire soit reprise et
examinée à nouveau avec une entière liberté d'action lorsque l'inculpé se présentera devant la juridiction compétente ?

Cette dernière n'en pèsera que mieux la gravité

____

(1) D. P. 82, 1, 240, Garraud, *Droit Criminel* ; Laborde,
Cours Élémentaire de Droit Criminel, n° 1354.

des faits relevés contre le coupable : rien ne fera obstacle à ce qu'elle puisse alors prononcer une peine plus grave ou plus légère que celle qui était intervenue par défaut, suivant que, mieux éclairée, elle le jugera opportun.

Examinons les deux autres voies de recours.

Appel. — L'appel est formé et suivi d'après les prescriptions du droit commun. Mais, si la partie civile qui fait appel, est obligée de se soumettre à toutes les formalités du Code de Procédure Civile, il n'en est pas de même pour le condamné et pour le Ministère Public. D'après la jurisprudence, en effet, il y a lieu seulement pour ce dernier de respecter les droits de la défense (1).

Par suite, il nous paraît nécessaire que le Procureur de la République signifie un acte d'appel au condamné et fasse élection de domicile au Parquet du Procureur Général, au lieu de se contenter, comme en matière correctionnelle, de faire une simple déclaration au greffe.

La Cour de Cassation admet que l'acte d'appel peut ne pas contenir, malgré les termes de l'article 456 du Code de Procédure Civile, assignation à comparaître dans les délais de la loi, lorsqu'il est formé par le Ministère Public.

Nous pensons, au contraire, qu'il est préférable

(1) Cass. 1er décembre 1880, D. P. 81, 1, 53.

pour permettre au condamné de préparer sa défense, d'appliquer les règles admises en matière
civile. Les délais d'appel sont donc de deux mois;
mais le point de départ de ce délai diffère suivant qu'il s'agit du condamné ou du Ministère
Public.

Il court, pour le condamné, à compter de la signification du jugement à sa personne ou à son domicile.

Si la décision du Tribunal est par défaut, l'appel
n'est recevable que dans les deux mois qui suivent
le moment où l'opposition ne peut plus être admise, c'est-à-dire, suivant les termes de la Circulaire du 17 février 1893 déjà citée, à compter de
l'expiration de la huitaine qui suit la signification
du jugement.

La jurisprudence avait admis d'abord que l'appel
du Ministère Public devait être interjeté dans les
deux mois de la signification du jugement par lui
faite (1).

Cette solution n'a pas tardé à être vivement
combattue. Avec ce système, en effet, il appar-
tiendrait au Ministère Public de faire appel quand
bon lui semblerait; il n'aurait, pour cela, qu'à
retarder ou hâter, à son gré, la signification du
jugement. Mieux vaut, selon nous, se ranger à la

____

(1) Pau, 24 janvier 1887, D. P. 89, 2, 15.

jurisprudence de la Cour de Lyon qui décide que le délai d'appel part du jour du jugement (1).

Supposons qu'un officier ministériel poursuivi à la requête du Ministère Public soit acquitté. Cette décision n'est susceptible d'aucune exécution, même au profit de l'officier ministériel absous, puisqu'il lui est impossible d'obtenir aucune condamnation pécuniaire contre le Ministère Public qui ne peut jamais être condamné aux dépens.

La signification en devient par suite inutile.

Avec la jurisprudence de la Cour de Lyon tout retour offensif du Ministère Public devient impossible après l'expiration du délai de deux mois à partir du jugement.

Si l'on adopte la jurisprudence contraire, l'officier ministériel demeurera indéfiniment sous le coup d'un appel au gré du Procureur de la République.

De telles conséquences sont iniques.

Ce n'est pas seulement en équité que ce système peut se soutenir ; c'est encore en droit pur.

En matière criminelle, la loi fixe le point de départ de l'appel au jour du jugement et en matière civile, au jour de la signification.

D'une part, il paraît certain que, même en matière civile, la loi ne repousse pas d'une façon

(1) Lyon, 19 juillet, 1894, D. P. 95, 2, 548.

absolue (argument art. 858 du Code de Procédure Civile) le point de départ admis au Criminel.

D'autre part, en matière disciplinaire, le Tribunal Civil applique une peine : aussi les principes du droit pénal peuvent-ils, comme nous l'avons vu, être appliqués en cette matière, surtout lorsque les principes viennent au secours de l'équité.

N'oublions pas cependant que, malgré l'appel, l'exécution provisoire des peines prévues par l'article 1er de la loi du 10 mars 1898 s'impose au Ministère Public comme au condamné.

Puisque désormais les peines disciplinaires sont prononcées par un Tribunal et proviennent d'une décision rendue dans les termes du droit commun, l'appel sera possible contre chacune d'elles, même si la condamnation n'implique que des dommages-intérêts.

Il n'y a pas lieu de se demander si l'importance du litige est inférieure ou supérieure à 1500 francs.

Nous ne devons pas perdre de vue que nous sommes ici en présence d'une matière spéciale et que le législateur a voulu entourer des mêmes garanties toutes les décisions disciplinaires.

Faire intervenir, à cet égard, les règles du droit commun relatives à la compétence, serait une façon détournée de priver l'officier ministériel condamné de l'une des voies de recours que la loi nouvelle a voulu lui accorder.

C'est à la Chambre Civile de la Cour qu'il appartient d'examiner et de trancher les difficultés qui ont déterminé l'une des parties à faire appel. L'affaire est jugée comme en matière civile ordinaire.

On s'est demandé si le fait par le Ministère Public de signifier la décision intervenue en Première Instance ne valait pas pour lui acquiescement au jugement. La jurisprudence a résolu cette question par la négative. Elle admet que le Parquet peut interjeter appel même après la signification qu'il aurait faite pourvu qu'il se trouve encore dans les délais (1).

On sait que, d'après l'article 471 du Code de Procédure Civile, l'amende dite de fol appel est exigée de tout appelant. Les instructions des Ministres des finances et de la justice, en date des 22 et 30 septembre 1851, décident que cette amende ne doit pas être consignée en matière disciplinaire.

La Cour de Cassation a jugé que, si une amende de fol appel avait été irrégulièrement prononcée par une Cour d'Appel, cette condamnation ne pourrait pas constituer un moyen de cassation contre le Ministère Public, auquel elle est étrangère

_____

(1) Pau, 24 janvier 87. D. P. 89, 2, 15.

et qui ne pourrait en aucun cas en profiter (1).

Quant au *pourvoi en Cassation*, il peut lui aussi être formé par toutes les parties en cause. Les formes sont celles du recours en cassation en matière civile. C'est du reste ce que décide la Cour de Cassation, dans son arrêt du 23 juillet 1888, même pour le Ministère Public (2).

La doctrine se prononce dans le même sens.

« En matière disciplinaire, le Ministère Public
« peut se pourvoir contre les décisions qui con-
« cernent les officiers ministériels. Les pourvois,
« formés par le Ministère Public en ces matières,
« sont soumis aux formes et aux délais des pour-
« vois ordinaires. Leurs requêtes en pourvoi com-
« prenant les moyens sont remises par la voie du
« Parquet au Greffe de la Cour de Cassation (3) ».

Ajoutons que le pourvoi en cassation n'empêche pas plus que l'appel l'exécution provisoire des peines prévues par l'article 1er de la loi nouvelle.

L'article 103 du décret de 1808 se trouvant abrogé et les dispositions du nouvel article 2 soumettant au droit commun les décisions relatives aux fautes commises à l'audience, il en résulte qu'en cette matière l'appel et le pourvoi en

(1) Cassation, 4 janvier 87. (D. P. 88, 1, 438).
(2) D . 88, 1, 473.
(3) Bernard, *Manuel des Pourvois*, page 95.

cassation sont valables, quelle que soit la peine encourue.

Il nous reste maintenant à examiner quelle influence le droit de grâce, la réhabilitation et la loi du 26 mars 1891, dite loi Bérenger, peuvent avoir en matière disciplinaire.

On sait que d'après la loi constitutionnelle du 25 février 1875, article 3, le droit de grâce appartient au chef de l'Etat pour toute condamnation émanant d'une juridiction répressive de droit commun. S'il n'est pas douteux qu'il s'étend à toutes les peines qui sont prononcées en matière criminelle, correctionnelle ou de simple police, il en est autrement pour les peines disciplinaires.

La solution dépend ici de la nature que l'on attribue à ces mesures de répression.

Sous l'empire de l'ancienne législation la doctrine s'était partagée sur cette question et cela avait donné naissance à deux systèmes qu'il est intéressant de connaître.

Dans une opinion, on n'admettait pas que le droit de grâce pût s'appliquer aux peines disciplinaires. On les considérait comme un moyen de répression d'une nature spéciale qui diffère des peines du droit pénal, tant dans son application matérielle, qu'en raison des juridictions chargées de le mettre en œuvre. Les poursuites disciplinaires, disait-on, n'intéressent pas l'ordre social, mais seulement la corporation dont fait partie le prévenu. Les règles et usages communs en matière de répression ne sont pas appliqués même si c'est un Tribunal qui est appelé à juger. Ces peines ont donc un caractère propre qui doit les faire échapper à toute mesure de clémence sans qu'on ait à se préoccuper de la juridiction qui les a édictées.

L'autre système se fonde sur l'absence de toute restriction dans les dispositions qui attribuent le droit de grâce au Chef de l'Etat. Il en conclut que les peines disciplinaires doivent en bénéficier comme les mesures répressives encourues devant les Tribunaux ordinaires. Les juridictions disciplinaires ont reçu de la loi les pouvoirs qu'elles exercent. Leurs sentences sont de véritables jugements

Bien que souvent elles jugent à huit clos, cela ne modifie en rien le caractère des condamnations qu'elles prononcent. Pourquoi dès lors ne pas accorder à ceux qui en sont frappés le même bénéfice qu'à tous les condamnés de droit commun ?

C'est ce dernier système qui paraît s'imposer avec la nouvelle législation. A ce propos, nous n'avons qu'à rappeler les raisons qui ont motivé la réforme apportée par la loi du 10 mars 1898. Sans doute les peines restent ce qu'elles ont toujours été, c'est-à-dire absolument spéciales. Elles n'en constituent pas moins une expiation de la faute qui les a motivées. Mais, en dehors de cette considération, il y a surtout à retenir que celles des raisons, qui permettaient de douter sous l'empire de l'ancienne législation, ont disparu maintenant.

La loi nouvelle a voulu, en effet, faire rentrer les affaires disciplinaires dans le droit commun. A cet égard, nous l'avons vu, elle confère, à l'exclusion de toute autre autorité, aux Tribunaux seuls le soin de décider en cette matière. Les formes de procéder deviennent celles des affaires ordinaires. Les décisions sont, ainsi que nous le verrons, susceptibles d'effets analogues à ceux de toute décision de justice. Les juridictions disciplinaires rendent donc de véritables jugements. Il en résulte pour ceux contre lesquels ils interviennent des conséquences que l'on peut considérer comme aussi graves que s'ils avaient encouru une condamnation pour un délit ou pour un crime.

C'est en réparation du trouble qu'ils ont apporté à l'ordre social qu'ils ont été frappés. N'est-il pas juste de reconnaître à cette société qui les a châtiés le droit de se montrer quelquefois clémente ou même simplement juste, alors, par exemple, qu'elle aura à réparer l'erreur de ceux qu'elle avait chargés de punir non un innocent mais un coupable.

Enfin ne serait-il pas étrange que l'auteur d'un crime grave puisse profiter d'une mesure d'indulgence dont serait exclu l'officier ministériel coupable d'une infraction purement professionnelle ?

Si, en effet, la peine disciplinaire ne porte pas atteinte à la personne physique du condamné, elle entache du moins considérablement sa situation morale.

Mais, s'il nous paraît incontestable que le droit de grâce puisse faire remise de l'exécution de toutes les mesures disciplinaires autres que la destitution, le doute peut naître pour cette dernière répression.

A ne considérer que ses effets, la destitution constitue, il est vrai, plutôt une déchéance puisque son principal résultat est de dépouiller à tout jamais le condamné de sa charge, de sa qualité d'officier ministériel. Ce n'est là cependant qu'une conséquence de la mesure prise contre lui.

Ce qu'il faut retenir avant tout, c'est que cette peine disciplinaire fait partie d'une catégorie de répressions indiquées par la loi pour sévir contre des infractions spéciales ; qu'elle est à la fois le dernier terme et le plus grave d'une échelle de peines qu'il appartient aux Tribunaux d'appliquer dans certains cas seulement.

Ce qui établit que le législateur a voulu lui attribuer ce caractère répressif en dehors même des incapacités et déchéances qu'elle engendre, c'est qu'il a ajouté à la destitution une mesure accessoire facultative, la perte des droits politiques.

Si on n'admet pas le droit de grâce au profit de l'officier ministériel destitué, il nous semble bien difficile, lorsque des circonstances favorables au condamné viennent atténuer dans une large mesure sa culpabilité, au lendemain même du jour où la décision disciplinaire est devenue définitive, de corriger, ne serait-ce que par une commutation, la peine exagérée qui a été d'abord prononcée.

Sans doute il reste au condamné la ressource de demander sa réhabilitation, mais et la longueur des délais et les conditions sévères auxquelles l'obtention de cette faveur est soumise prolongera trop souvent, au-delà de toute proportion, la rigueur d'une peine dont le prononcé seul aurait suffi à réprimer la faute.

En effet, en admettant que la grâce soit accordée à un officier ministériel destitué, il n'en restera pas moins sous le coup de la condamnation qui l'a frappé. Seule, l'exécution de la peine lui sera épargnée. Sans doute il ne sera pas dépouillé de sa charge et de sa qualité, mais aux yeux du public, de sa clientèle, des autres membres de sa corporation, sa situation se trouvera amoindrie. Il ne pourra reconquérir leur confiance et son prestige que par un labeur assidu et par une conduite exemplaire.

N'est-ce pas là une façon plus humaine, plus équitable, de concevoir la répression disciplinaire que de faciliter au destitué sa réhabilitation morale en ne le dépouillant pas à tout jamais de sa charge, de sa qualité ?

A tous égards, selon nous, il vaut mieux lui permettre de témoigner qu'il ne s'est pas rendu à jamais indigne de la confiance que le Gouvernement avait placée en lui, et que, s'il a manqué une fois gravement à ses devoirs, il n'en est pas moins décidé à remplir désormais son rôle social avec loyauté et sans défaillance.

Nous reconnaissons cependant qu'il faudrait user du droit de grâce avec une grande discrétion. On comprend que si le Chef de l'Etat rendait ainsi à leurs fonctions un grand nombre d'officiers ministériels suspendus ou destitués, on en verrait bien vite qui, pour ramener à eux une clientèle et refaire leur crédit, auraient recours aux actes les plus répréhensibles. Dans ce cas, la grâce présenterait plus de dangers qu'avec les condamnés ordinaires.

Il nous est permis de regretter que le législateur n'ait pas cru devoir établir des règles formelles en cette matière.

Avec l'ancienne législation, du moins, les condamnés disciplinaires avaient, dans le cas de décisions rendues en chambre du conseil, aux termes de l'article 103 du décret de 1808, la garantie apportée par le droit de révision qui appartenait alors au Garde des Sceaux.

La grâce, nous l'avons vu, n'infirme en rien la condamnation, non seulement celle-ci subsiste mais elle continue de produire tous les effets que le décret de grâce n'a pas expressément anéantis ou qu'il n'a pu anéantir.

En conséquence, la remise ou la commutation de la peine principale n'affranchit pas et ne pourrait même pas affranchir le condamné des déchéances prononcées par les juges, par exemple, des incapacités électorales qui s'ajouteraient à la destitution.

« Attendu, dit la jurisprudence, que les incapa-
« cités civiques (incapacité d'être électeur) résul-
« tant d'une condamnation judiciaire ne sont pas
« éteintes par la grâce même totale, qu'elles ne
« peuvent cesser que par une amnistie ou par la
« réhabilitation prévue par l'article 619 du Code
« d'Instruction Criminelle (1). »

Donner au Président de la République le droit de faire disparaître ces déchéances par un simple décret de grâce, ce serait, en effet, lui permettre tout à la fois d'abolir la condamnation, c'est-à-dire, d'accorder une amnistie individuelle, acte

(1) Cass. 4 août 1886. S. 87, 1, 37.

qui est en dehors de ses pouvoirs et de rendre
inutile la réhabilitation dont la procédure a été
précisément créée pour faire cesser « dans la per-
« sonne du condamné toutes les incapacités qui
« résultent de la condamnation. » (Article 634 du
Code d'Instruction Criminelle.)

La réhabilitation, instituée par le Code d'Instruction Criminelle de 1808, pour les peines afflictives
et infamantes, a été étendue par la loi du 3 juillet
1852 aux condamnés correctionnels et enfin par
l'article 1ᵉʳ de la loi du 19 mars 1864 aux officiers
ministériels.

« Les notaires, les greffiers et les officiers mi-
« nistériels destitués, dit cet article, peuvent être
« relevés des déchéances et incapacités résultant
« de leur destitution. »

Cette disposition ne visant que la peine de la
destitution, aucune autre des mesures disciplinaires
ne pouvait faire l'objet d'une demande de réhabilitation. Néanmoins cette solution avait été discutée en jurisprudence, mais un arrêt de la Cour
d'appel de Nîmes en date du 24 mai 1899 a décidé
que la loi du 19 mars 1864, qui a organisé la réhabilitation disciplinaire, ne saurait être étendue
aux peines inférieures à la destitution (1).

(1) *Gazette des Tribunaux*, 2ᵉ semestre 1899, page 477.
Voir encore *Arrêt de la Cour de Limoges du 11 février 1897*.
(Sirey, 97, 2, 304) et Cass. 21 nov. 1899.

Avec la loi du 5 août 1899 sur le casier judiciaire et sur la réhabilitation de droit, les décisions disciplinaires ne doivent être constatées par un bulletin n° 1 que si elles entraînent ou édictent des incapacités (Art. 1ᵉʳ, § 3). Il en résulte que seuls les jugements et arrêts prononçant la peine de la destitution peuvent faire l'objet d'une pareille mention.

Mais les articles 8 et 10 refusent aux officiers ministériels destitués les avantages qu'ils consacrent au profit des condamnés ordinaires à l'emprisonnement et à l'amende. Ils ne peuvent pas, comme ces derniers, prescrire par l'expiration de certains délais contre la mention portée à leur casier judiciaire et obtenir leur réhabilitation de droit. Force leur est, lorsqu'ils veulent bénéficier de cette faveur, de former leur demande dans les conditions établies par la loi du 19 mars 1864.

Il y a là une anomalie regrettable que nous souhaiterions voir disparaître à bref délai et que nous espérions voir ne plus figurer, mais en vain, parmi les modifications apportées à la loi du 5 août 1899 par celle du 5 août 1900.

Si l'officier ministériel réhabilité recouvre sa capacité légale, il ne voit disparaître qu'en partie l'effet moral produit par sa condamnation et ne se trouve pas, *ipso facto*, réintégré dans ses fonctions.

Il faut qu'il s'en fasse investir à nouveau, tout

comme au moment où il a été appelé à les exercer
pour la première fois.

Nous avons vu que les décisions rendues par
les Tribunaux Civils en matière disciplinaire pro-
cédaient en partie du caractère répressif particulier aux condamnations pénales.

Il est permis de se demander si, comme pour ces
dernières, le juge peut appliquer la loi du 26 mars
1891, dite *loi Bérenger*. Ce n'est pas sans une certaine hésitation que la jurisprudence a fini par
adopter la négative. En effet, les mesures disciplinaires contre les officiers ministériels, constituent des moyens de répression spéciaux. Au lieu
d'intéresser d'une façon générale l'ordre public,
elles ne s'appliquent qu'à une catégorie de citoyens, pour des fautes purement professionnelles.
On peut d'ailleurs observer que l'application de
l'article 2 de la loi du 10 mars 1898 permet d'arriver à un résultat semblable à celui que produi-
rait le bénéfice du sursis. Dans le cas de contravention aux lois et règlements, cet article permet, en effet, de prononcer des peines minimes
consistant simplement en : une injonction d'être
plus exact ou circonspect, une défense de récidive.

Le juge ne manquera pas d'infliger ces peines,
lorsque la nature des infractions et les circonstances lui paraîtront susceptibles de motiver son
indulgence. La Cour de Douai a décidé, dans

un arrêt du 18 janvier 1898, que la loi du 26 mars, 1891 ne visant que des délits, ne saurait s'appliquer aux condamnations disciplinaires (1).

Ni les travaux préparatoires, ni le but même de cette loi ne permettent l'interprétation contraire qu'avait cependant adoptée le jugement du Tribunal que l'arrêt précité est venu réformer.

La décision des premiers juges avait assimilé l'amende, peine disciplinaire prononcée par le Tribunal Civil à celle que, d'après l'article 45 du 14 juin 1813, la juridiction correctionnelle peut exceptionnellement prononcer contre certains officiers ministériels : elle avait admis, par suite, dans les deux cas, l'application de la loi de sursis.

La discussion n'est pas possible pour les peines de suspension et de destitution, car, d'après la loi du 10 mars 1898, elles sont exécutoires par provision. Rien ne permet de les assimiler aux peines visées par la loi du 26 mars 1891.

Quant aux mesures prévues par les articles 45 du Décret du 14 juin 1813, 7 et 8 de la loi du 25 juin 1841, spéciales aux huissiers et aux commissaires-priseurs et prononcées par les Tribunaux Correctionnels, elles peuvent faire l'objet de sursis.

Les infractions qu'elles punissent sont, ainsi que nous l'avons vu, de véritables délits.

____

(1) *Le Droit*, 18 mars 1898.

CHAPITRE VII

Conséquences de la Destitution en ce qui concerne
la perte des droits électoraux. — Caractère
facultatif de cette peine accessoire.

Nous n'avons vu jusqu'à présent que ce qui avait
trait aux modifications apportées, par la loi du
10 mars 1898, aux formes de procéder devant le
Tribunal Civil, seule juridiction désormais compétente pour connaître des affaires disciplinaires.

Il est un point qui, à la fin de cette étude, doit
retenir encore notre attention. Nous voulons parler du caractère attaché par la loi nouvelle à la
peine accessoire relative aux incapacités politiques de la destitution, et montrer comment son
article 3 est venu modifier sur ce point l'article 15,
paragraphe 8, du décret du 2 février 1852.

L'article 3 de la loi du 10 mars 1898 est ainsi
conçu : « Ne doivent pas être inscrits sur les
listes électorales :

« Les notaires et officiers ministériels destitués,

« lorsqu'une disposition formelle du jugement
« ou arrêt de destitution les aura déclarés déchus
« des droits de vote, d'élection et d'éligibilité ;
« les greffiers destitués, lorsque cette déchéance
« aura été expressément provoquée, en même
« temps que la destitution, par un jugement ou
« une décision judiciaire. »

Ainsi que nous l'avons montré, l'une des conséquences les plus graves de la destitution est,
pour l'officier ministériel, la perte de ses droits
électoraux.

Les incapacités électorales, suite de la destitution, formaient une aggravation de peine qui,
grâce aux pouvoirs que le Garde des Sceaux tenait
de l'article 103 du Décret de 1808 et aussi à l'interprétation donnée par la Cour de Cassation au
paragraphe 8 de l'article 15 du Décret de 1852,
permettaient au Gouvernement d'user du droit de
destitution « non pour punir un coupable mais
pour supprimer un adversaire politique (1). »

Il faut observer en effet que, malgré les termes
du Décret de 1852 et les discussions qui en accom-
pagnèrent l'élaboration, la Cour de Cassation admettait que la destitution des officiers ministériels
pouvait être prononcée, sans que cette peine eût
été provoquée par une décision de justice ou

(1) *Exposé des Motifs de la Loi du 10 mars 1898.*

même après qu'une simple peine disciplinaire inférieure avait été encourue.

Une pareille interprétation n'avait pas tardé à faire dégénérer en abus le pouvoir donné au Garde des Sceaux.

C'est contre cet arbitraire surtout que se sont proposé de réagir les promoteurs de la loi du 10 mars 1898.

Deux systèmes étaient en présence.

D'abord celui de la Commission de la Chambre des Députés dont le projet a été voté le 9 juin 1896. D'après ce système, la destitution ne devait pas entraîner d'incapacité électorale alors même qu'elle aurait été prononcée par les Tribunaux.

Ses partisans raisonnaient ainsi : les articles 42 et 43 du Code Pénal ne permettent aux Tribunaux Correctionnels de priver les citoyens de leurs droits de vote et d'élection que dans le cas de certains délits. Or, les fautes professionnelles n'étant pas des délits, il faut, pour que cette peine accessoire puisse s'ajouter à la destitution : 1° que la juridiction disciplinaire décide que l'officier ministériel condamné a commis un des délits qui entraînent cette déchéance des droits politiques ; 2° que cela soit constaté par une disposition expresse du jugement.

Ce n'est, du reste, pour le Tribunal appelé à statuer spécialement sur cette aggravation de peine qu'une faculté et non la conséquence inévitable et implicite de la destitution.

Cette règle tutélaire est appliquée déjà aux condamnés de droit commun, elle doit l'être à plus forte raison à ceux qui n'ont à répondre que de fautes professionnelles.

L'inconvénient de ce système était d'attribuer à la juridiction disciplinaire la connaissance des délits dont l'officier ministériel peut avoir à répondre. Or, de par ses attributions, elle peut seulement constater le fait contraire à la discipline spéciale à chaque catégorie d'officiers ministériels et le punir d'une peine particulière.

Tout délit au contraire ressort de la juridiction correctionnelle ; nulle autre qu'elle ne peut connaître de ce genre d'infractions, ni le punir.

Il faudrait donc une disposition formelle de la loi pour autoriser le Tribunal Civil jugeant disciplinairement à relever contre les officiers ministériels destitués les délits qui permettraient de prononcer ensuite contre eux des déchéances politiques. Jamais la proposition de la Commission, telle qu'elle a été votée, n'a mentionné cette exception aux règles habituelles de compétence.

Mais, alors même que cette disposition aurait été introduite dans la loi, il subsisterait, ainsi que le faisait remarquer le rapporteur de la Commission du Sénat, un grave inconvénient : « la ju-

« ridiction disciplinaire aurait à constater d'une
« façon précise et en termes exprès l'existence
« d'un délit qui, d'autre part, resterait impoursuivi
« et impuni au point de vue pénal. »

Le second système est celui qui a été adopté
par le Sénat et qui d'ailleurs a fini par constituer
le texte actuel de la loi.

Il a pour but de laisser plus de latitude aux
Tribunaux tout en protégeant la situation des officiers ministériels.

Ce sont les Tribunaux qui deviennent désormais
juges du point de savoir si l'officier ministériel a
commis des faits assez graves pour que sa destitution soit aggravée de l'incapacité électorale.

Nous rappelons ici que c'est seulement, lorsqu'il y aura lieu d'appliquer la peine de la destitution, que la question pourra se poser pour les
Tribunaux.

Aucune autre peine disciplinaire ne peut, en
effet, entraîner cette déchéance des droits politiques.

Mais dans quels cas les Tribunaux pourront-ils
ajouter cette peine accessoire à la destitution ?

Depuis la promulgation de la loi du 10 mars
1898, la jurisprudence n'a pas encore été appelée
à se prononcer sur les circonstances qui doivent
motiver l'incapacité électorale.

Nous croyons utile, pour faciliter la solution de

cette difficulté, de rappeler ici les paroles mêmes du rapporteur au Sénat. Elles constituent le commentaire le plus éclairé qu'on puisse faire de l'article 3 et montrent d'une façon précise la portée que le nouveau législateur a entendu lui donner.

« Les Tribunaux, dit M. Thézard, auront à « faire le départ des diverses causes de destitution.

« Quand les Tribunaux se trouveront en pré-« sence de faits contraires à la délicatesse et à « l'honneur sans être obligés, nous l'avons in-« diqué, d'y reconnaître des délits caractérisés, « ils pourront ajouter l'incapacité électorale à la « destitution.

« Quand, au contraire, il ne s'agira que de faits « purement professionnels ou de faits qui relatifs « à la vie privée ne porteront pas atteinte à l'hon-« neur, ce sera la destitution pure et simple, sans « déchéance électorale. Cette décision s'appli-« quera par exemple à une cause assez fréquente « de destitution, celle où le prix d'acquisition « de l'office aura été majoré par une convention « secrète.

« La nécessité d'une disposition formelle pour « entraîner l'incapacité électorale sera, dans tous « les cas, une garantie. »

Dans un second rapport en date du 25 juin 1897, M. Thézard exprimait ainsi les idées de la Commission du Sénat : « Elle a considéré qu'au point

« de vue de l'incapacité électorale, il fallait dis-
« tinguer entre le cas où la destitution serait pro-
« noncée pour des faits d'indélicatesse suscep-
« tibles d'assimilation avec de véritables délits,
« et dans ce cas, il se rencontre une raison de
« haute moralité justifiant la privation des droits
« électoraux, et, au contraire, les cas où la des-
« titution ne serait prononcée que pour des fautes
« purement professionnelles. — Nous ne voulons
« même pas prévoir le cas où elle serait pronon-
« cée pour des motifs politiques.

« Qui fera la distinction entre les deux ordres
« de destitution, l'une appliquée pour les graves
« motifs que j'ai indiqués, l'autre frappant uni-
« quement l'officier ministériel et laissant intacte
« la personne privée ?

« Qui fera cette distinction ? Dans notre système,
« ce seront les Tribunaux. L'incapacité électorale
« ne sera encourue que si elle est prononcée par
« eux dans une disposition formelle et addition-
« nelle venant en sus de la destitution elle-
« même. »

Dans tous les cas, il faudra que le jugement
indique d'une façon spéciale les raisons qui décident le Tribunal à prononcer cette aggravation
de peine.

Nous avons examiné déjà chacune des incapacités politiques dont l'officier ministériel des-

titué se trouve frappé. Nous n'y reviendrons pas.

L'article 3 de la loi de 1898 porte que les greffiers destitués ne doivent être privés de leurs droits politiques que « lorsque cette déchéance « aura été expressément provoquée en même « temps que la destitution par un jugement ou « une décision judiciaire. »

Ce mot provoqué doit être entendu dans le sens de prononcé.

On ne comprendrait pas, en effet, pourquoi le Tribunal n'aurait pas le droit de prononcer vis-à-vis d'eux, outre la destitution, les déchéances électorales qui en sont la conséquence facultative, et cela sans que le Ministère Public ait à requérir spécialement cette peine accessoire.

Sans doute les greffiers sont des fonctionnaires nommés par le Gouvernement et, à ce titre, révocables à volonté (1), mais ils sont aussi passibles de la destitution dans certains cas tels que ceux prévus par les articles 23 de la loi du 21 ventôse an VII, et 64 du Décret du 18 juin 1811. On ne voit pas pourquoi on ne les soumettrait pas aux mêmes règles que les autres officiers ministériels lorsqu'ils encourent cette peine.

____

(1) Loi du 27 ventôse an VIII (article 92). — Cass., 7 mai 1880, D, 80, 1, 477.

Mais un jugement, prononçant la déchéance politique, est-il, en ce qui concerne cette mesure accessoire, exécutoire par provision ?

Si telle avait été la pensée du législateur de 1898, il l'aurait dit en propres termes dans l'article 1er de la loi comme il l'a fait pour la destitution.

Nous ne pouvons pas, en matière répressive, interpréter, autrement que *stricto sensu*, les dispositions légales. Dans ces conditions, il y a lieu de décider qu'avant d'exécuter la partie du jugement prononçant cette déchéance politique, il faut attendre que les délais des différents recours, qui sont applicables en matière disciplinaire, soient écoulés.

L'officier ministériel, destitué et frappé accessoirement de la perte de ses droits électoraux, peut, lorsqu'il fait appel de la décision intervenue contre lui, soumettre à la juridiction supérieure soit les deux peines, soit l'une de ces deux peines seulement.

Il y a lieu d'appliquer ici, et comme conséquence même du silence de la loi à cet égard, les règles les plus favorables au condamné. C'est donc à celles de la procédure civile qui permettent de faire porter l'appel sur certains points seulement du jugement de Première Instance qu'il faudra avoir recours.

Le Ministère Public peut également faire appel,

si, malgré ses réquisitions pour obtenir la déchéance, le Tribunal n'a prononcé que la destitution.

Tout officier ministériel, condamné à la perte de ses droits politiques, voit mentionner sur son bulletin n° 1 du casier judiciaire la décision qui le frappe.

Ainsi le Préfet du département peut le faire rayer de la liste électorale de sa commune.

Les bulletins n° 2, réclamés par les administrations publiques de l'Etat, pour l'exercice des droits politiques, ne comprennent que les décisions entraînant des incapacités prévues par les lois relatives à l'exercice de ces droits.

Il en résulte que, si la juridiction disciplinaire n'a prononcé que la destitution pure et simple, cette décision ne sera pas mentionnée sur ce bulletin.

Depuis la loi du 5 août 1900 (article 5) lorsqu'un individu soumis à l'obligation du service militaire ou maritime a été condamné à la destitution, il en est donné connaissance aux autorités militaires ou maritimes par l'envoi d'un *duplicata* du bulletin n° 1.

La loi du 10 mars 1898, par ce fait qu'elle statue sur des incapacités, procède, ainsi que le faisait remarquer M. le sénateur Dufoussat, du caractère des lois pénales.

On s'est demandé, pour ces dernières, si, lorsque une infraction avait été jugée définitivement et qu'une loi nouvelle plus favorable que l'ancienne venait à être promulguée, on pouvait modifier la peine encourue ou même l'annuler et cela en l'absence d'une disposition particulière de la loi.

Plusieurs systèmes ont été proposés.

D'après les uns, il faut décider que les côtés plus favorables de la loi nouvelle ne peuvent pas profiter au condamné, mais seulement à l'accusé pour lequel il n'y a pas encore chose jugée.

D'autres auteurs prétendent, au contraire, qu'alors même que la condamnation aurait été prononcée en dernier ressort et serait passée en force de chose jugée, il faut faire bénéficier le condamné des avantages procurés par les dispositions nouvelles de la loi.

Ainsi, il a été jugé que l'individu soumis à la surveillance de la haute police pour toute sa vie, par suite d'une condamnation aux travaux forcés, antérieure à la loi du 23 janvier 1874, peut invoquer la disposition de cette loi aux termes de laquelle la durée de la surveillance ne peut se prolonger au-delà de 20 ans (Aix, 15 mai 1878).

Mais cette décision est restée isolée dans la jurisprudence et elle a été critiquée, à juste titre, comme contraire aux principes qui régissent l'application des lois pénales. En effet, lorsqu'une condamnation est prononcée en dernier ressort et passée en force de chose jugée, il n'y a que l'exercice du droit de grâce ou une disposition formelle du législateur qui puisse en faire cesser l'effet ou le modifier. Comme exemple de ces dispositions exceptionnelles, on peut citer l'article 5 de la loi du 31 mai 1854, qui fait cesser les effets de la mort civile, même lorsqu'elle a été encourue par suite de condamnations antérieures à sa promulgation. Mais, si la question paraît définitivement tranchée par la jurisprudence, dans le sens de la négative, lorsqu'il s'agit d'une condamnation pénale, il n'en est pas de même en matière disciplinaire.

La difficulté se présente avec la loi du 10 mars 1898, relativement aux incapacités électorales, conséquence de la destitution.

Avec l'ancienne législation, les officiers ministériels destitués se trouvaient forcément privés de leurs droits politiques par suite des dispositions de l'article 15 § 8 du Décret du 2 février 1852. Aujourd'hui, cette peine ne peut résulter que d'une décision de justice ; elle n'est pas encourue nécessairement, il faut qu'elle ait été ajoutée par le Tribunal à la peine principale de la destitution dont elle devient un accessoire facultatif.

A ce point de vue, la nouvelle loi adoucit la peine et constitue un avantage évident pour ceux qui seront désormais frappés de destitution. Mais que

décider pour les officiers ministériels condamnés
à cette peine avant la promulgation de la loi du
10 mars 1898 ? Faut-il les laisser sous le coup de la
déchéance qu'ils ont encourue en dehors de toute
décision de justice ou bien doit-on les réintégrer
dans leurs droits politiques tout comme si la mesure prise contre eux n'avait plus aucune valeur ?
En un mot doit-on décider que la loi du 10 mars
1898 a un effet rétroactif en ce qui concerne la
déchéance spéciale définitivement encourue avant
sa promulgation ?

Le rapporteur du Sénat, M. Thézard, a déclaré
que les lois rétroagissent lorsqu'elles ont pour but
d'adoucir la sentence et qu'il ne fallait pas donner
d'autre interprétation à la loi nouvelle. Cette formule n'a cependant pas la portée que certains ont
essayé de lui donner.

Suivant nous, ce qu'a voulu dire M. Thézard,
c'est que pour les poursuites disciplinaires en
cours au moment de la promulgation de la loi de
1898 il y avait lieu de se référer à celles des dispositions nouvelles qui seraient plus favorables à
l'accusé. En cela du reste il ne faisait que rappeler
l'interprétation donnée aujourd'hui par la jurisprudence de la Cour de Cassation au principe de
la rétroactivité des lois pénales (1). Mais on ne sau-

(1) D. 76, 1, 185, et 85, 1, 473.

rait conclure des termes de sa déclaration qu'il a admis le même principe à l'égard des condamnations bien et définitivement prononcées.

Les condamnés disciplinaires comme ceux de droit commun n'ont plus rien à attendre de la juridiction qui les a frappés, lorsque, du reste, ils ont épuisé tous les moyens de recours à l'égard de la décision intervenue contre eux. En effet l'autorité qui seule pouvait revenir sur la sentence et en modifier les effets se trouve alors complètement dessaisie.

Dans ces conditions, il nous paraît difficile d'admettre que la fiction de la rétroactivité puisse à elle seule suffire à empêcher quelques-unes des conséquences d'une condamnation devenue définitive. Ce serait détruire une des garanties les plus précieuses de notre droit : l'autorité de la chose jugée.

Ainsi donc on ne peut comprendre ces mots de M. Thézard : « les lois rétroagissent lorsqu'elles ont pour but d'adoucir la sentence » que dans le sens que nous indiquons, c'est-à-dire alors qu'il y a encore un jugement à rendre, que rien n'a été définitivement décidé contre le coupable.

Ces raisons nous amènent à admettre que les officiers ministériels, frappés définitivement de destitution avant la promulgation de la loi du 10 mars 1898, sont et demeurent privés de leurs

droits politiques, sauf, bien entendu, s'ils sont réha-
bilités ou amnistiés. La grâce n'aurait pas le
même effet suivant la jurisprudence constante de
la Cour de Cassation (1).

La question s'est posée devant le Sénat de savoir si la loi du 10 mars 1898 serait applicable aux
officiers ministériels d'Algérie. Il a été décidé que,
ces officiers ministériels étant de véritables fonctionnaires publics, et comme tels non passibles
de la destitution, il y avait lieu de leur appliquer
un régime particulier.

Voici comment s'expliquait à cet égard le Garde
des Sceaux, lors de la discussion de la loi.

« Dans la métropole, les officiers ministériels
« sont choisis par leurs prédécesseurs ; ils trans-
« mettent leurs charges sous le contrôle du Gou-
« vernement qui vérifie les conditions de la ces-
« sion et nomme leurs successeurs s'ils pré-
« sentent les garanties exigées. Ils ont en quelque
« sorte un droit sur leur office et l'on comprend
« dès lors, que, pour suspendre ce droit ou les en
« priver, on les soumette exclusivement à la ju-
« ridiction des Tribunaux. En Algérie, les officiers
« ministériels sont de véritables fonctionnaires
« publics, ils ne tiennent leur nomination que de
« l'agrément du Gouvernement, qui peut les dé-

(1) Sirey, 1873, 1, 84, et 87, 1, 37.

« placer selon les besoins du service, et les ré-
« voquer s'ils deviennent indignes d'accomplir
« leurs fonctions. Le régime disciplinaire à ins-
« tituer pour ces derniers doit nécessairement
« être réglé en tenant compte de leur qualité. Il
« faut se garder de leur reconnaître pour si peu
« que ce soit un droit sur leur office. Il pourrait
« en résulter, pour les réformes de l'avenir, un
« obstacle du genre de celui auquel nous nous
« heurtons dans la métropole du chef de la vé-
« nalité des offices (1) ».

(1) Sénat, Séance du 11 novembre 1897, *Journal Officiel*
du 12. *Débats parlementaires*, page 1306.

CHAPITRE VIII

Conclusion

Nous devons être reconnaissants au législateur de 1898 des améliorations considérables qu'il est venu apporter au régime disciplinaire des officiers ministériels.

Nous avons pu constater, en effet, que rien en cette matière délicate n'avait été négligé pour assurer aux parties en cause les garanties souveraines du droit commun, qui jusque-là leur faisaient presque complètement défaut.

Mais ces garanties sont-elles complètes ?

A côté du coupable et de la partie lésée, il y a la société. Si vis-à-vis des premiers la loi nouvelle a donné pleine satisfaction aux aspirations de ceux qui réclamaient contre la législation antérieure, elle semble, par contre, ne pas avoir songé suffisamment à l'intérêt général.

Seul, nous l'avons vu, le Procureur de la République peut désormais intenter l'action disciplinaire. Les Tribunaux n'ont plus le droit de poursuivre, sur leur simple initiative, les fautes commises à l'audience. La surveillance qu'ils exerçaient directement autrefois, en vertu de l'article

103 du décret du 30 mars 1808, sur les officiers
ministériels, se trouve donc très limitée maintenant. Ils ne peuvent plus faire comparaître directement devant eux ceux qui se seraient rendus
coupables d'une infraction ou qui seraient l'objet
d'une plainte de la part d'un particulier.

Le législateur de 1898 n'a pas voulu que le juge,
chargé de statuer, pût en même temps être maître
de l'action. Bien que ce principe s'impose en
droit commun, il est permis de se demander s'il
était nécessaire d'y recourir dans la matière spéciale qui nous occupe.

Nous ne le croyons pas. Le Tribunal est, en
effet, un organe plus indépendant que le Ministère Public. Il n'est pas soumis comme lui à l'impulsion du Ministre de la justice.

La Chancellerie ne manque pas, surtout en matière répressive et disciplinaire, de rappeler souvent aux membres des Parquets les pouvoirs qu'elle
entend exercer sur eux. Sa Circulaire, en date du
14 février 1889, adressée aux Procureurs Généraux est, en effet, conçue dans les termes suivants :

« En ce qui concerne les mesures répressives,
« il arrive que l'action disciplinaire ou criminelle
« est engagée soit par vos substituts directement,
« soit sur vos instructions personnelles, sans que
« j'aie été informé des faits et des circonstances
« qui ont motivé l'intervention du Ministère Pu-

« blic. Lorsque cette intervention est nécessaire,
« il convient que je sois mis à même de vous
« adresser, s'il y a lieu, des instructions ou des
« observations, sans préjudicier d'ailleurs à l'ou-
« verture immédiate des poursuites en cas d'ur-
« gence ou d'infraction flagrante à la discipline.
« En conséquence, en dehors même des affaires où
« il serait indispensable de m'en référer, aucune
« poursuite criminelle ou disciplinaire ne devra, à
« l'avenir, être intentée par un de vos substituts,
« contre un officier ministériel ou public, sans que
« vous m'en avertissiez immédiatement. »

Cette circulaire ne fait que confirmer les termes
des articles 6 et 45 du décret du 20 avril 1810 et ceux
de l'article 22 du Code d'Instruction Criminelle.

Ces textes n'attribuent l'action publique aux
membres du Parquet que pour les infractions aux
lois pénales. Comme les fautes disciplinaires ne
sont ni crimes ni délits, le Ministère Public n'a,
vis-à-vis de ceux qui s'en rendent coupables et en
vertu même des articles 45 et 47 du décret du
20 avril 1810, qu'un pouvoir de surveillance.

Au Garde des Sceaux seul il appartient de char-
ger ses représentants du Ministère Public d'intenter ou non l'action disciplinaire : il a la haute main
sur la poursuite. On doit lui en référer ou, tout au
moins, l'avertir immédiatement s'il y a lieu d'exercer des poursuites contre un officier ministériel·

A cet égard, la loi nouvelle n'a rien changé et, si le Ministre de la justice ne prononce pas de peine comme il le faisait sous l'empire du décret de 1808, il peut du moins encore exercer à son gré l'action disciplinaire.

Sans doute il ne jugera plus, mais on peut se demander s'il n'aurait pas mieux valu lui enlever jusqu'à la libre disposition des poursuites.

Il est à craindre en effet, aujourd'hui comme hier, que la politique ne joue un rôle en pareille matière. Les corporations d'officiers ministériels sont puissantes, chacun de leurs membres jouit d'une situation privilégiée. Ceux d'entre eux qui ont une influence électorale n'hésiteront peut-être pas à agir ou faire agir sur le Ministre tenu, par ses hautes responsabilités, par la solidarité ministérielle, par les nécessités du moment, à des ménagements politiques.

N'est-il pas à craindre que, cédant au désir, au besoin de briser un adversaire, quelques-uns ne s'efforcent d'introduire leurs passions dans une matière où la haute impartialité de la justice devrait seule régner ?

Certes, nous nous plaisons à croire qu'en fait cela n'a pas eu lieu jusqu'à ce jour, mais n'est-il pas profondément regrettable qu'une pareille iniquité soit possible ?

Nous pensons qu'il aurait été préférable de ne

pas subordonner autant l'action disciplinaire au pouvoir exécutif.

Il nous semble que le législateur de 1898, poussant plus loin sa réforme, pouvait ménager au pouvoir central un contrôle élevé et général, tout en confiant à l'autorité judiciaire seule le soin de décider de l'utilité des poursuites disciplinaires. Cette manière de procéder aurait le double avantage de simplifier l'exercice de l'action et d'en laisser l'initiative à des magistrats en rapports constants avec les officiers ministériels et mieux en mesure, par cela même, de juger leur valeur et leur conduite au point de vue professionnel.

En effet, de par leur situation, les Procureurs Généraux, leurs substituts et même les Tribunaux sont mieux placés que personne, pour apprécier avec indépendance l'opportunité des mesures répressives en cette matière, pour connaître la moralité des affaires d'une nature aussi exceptionnelle et pour en peser la gravité.

Le Président :
LE POITTEVIN.

Vu par l'Assesseur du Doyen :
GÉRARDIN.

Vu et permis d'imprimer :
Le Vice-Recteur de l'Académie de Paris,
GRÉARD.

BIBLIOGRAPHIE

—

La Roche-Flavin. — Les Treize Livres des Parlements de France.

Jousse. — Traité de l'Administration de la Justice. 2 volumes.

Rolland de Villargues. — Répertoire du Notariat.

Id.   Dictionnaire des Notaires.

Morin. — Discipline des Cours et Tribunaux.

Delacourtie et Robert. — Traité pratique de la Discipline des Notaires, des Assemblées Générales et des Chambres de Discipline.

Dutruc. — Responsabilité et Discipline des Officiers Ministériels.

Dalloz Armand. — Traité de la Discipline Notariale. — Formulaire du Notariat.

Eloy. — Manuel de la Responsabilité des Notaires.

Lefebvre Alphonse. — Traité de la Discipline Notariale.

Bozérian. — De la Bourse.

Buchère. — Traité des Opérations de Bourse.

J. Fabre. — Des Courtiers.

Tarbé. — Lois et Règlements de la Cour de Cassation.

PERRIQUET. — Traité théorique et pratique de la Propriété et de la Transmission des Offices Ministériels.

RUTGEERTS et AMIAUD. — Commentaire de la Loi du 25 ventôse an XI.

GARRAUD. — Précis de Droit Criminel.

BOITARD. — Droit Criminel.

FAUSTIN-HÉLIE. — Instruction Criminelle.

LABORDE. — Cours de Droit Criminel.

DALLOZ. — Code d'Instruction Criminelle annoté.

BERNARD. — Manuel des Pourvois.

GILLET. — Analyse des Circulaires de la Chancellerie.

LEGOUX. — Droit de Grâce en France.

GOURAINCOURT. — Du Droit de Grâce sous la République.

Journal des Avocats. Tomes 45 et 48.

Journal des Notaires. Tome 73.

DEVILLENEUVE et CARETTE. — Lois annotées.

Pandectes françaises.

Gazette des Tribunaux.

DALLOZ. — Répertoire de Législation.

Recueil de Jurisprudence.

SIREY. — Recueil des Lois et Arrêts.

Journal Le Droit, 1898.

Annuaire de Législation Étrangère, 1882.

Journal Officiel. Documents parlementaires, année 1890.

TABLE DES MATIERES

VANNES. — IMPRIMERIE LAFOLYE.

Vannes. — Imprimerie LAFOLYE.

www.ingramcontent.com/pod-product-compliance
Ingram Content Group UK Ltd.
Pitfield, Milton Keynes, MK11 3LW, UK
UKHW021227140726
13695UKWH00002B/805